MARTA, ROSA E JOÃO

Malu Galli

MARTA, ROSA E JOÃO

Cobogó

SUMÁRIO

Apresentação, por Malu Galli   7

MARTA, ROSA E JOÃO   15

Em branco

Escrever uma peça muito antes da experiência do ensaio, ainda sem o contexto da pesquisa, mergulhada em linguagem alguma, a partir de nenhuma encomenda, pergunta ou provocação. Eu havia me proposto a fazer algo inédito até então para mim: escrever um texto para ser montado. Para uma atriz como eu, formada pela construção da dramaturgia durante os ensaios, este pareceria um passo natural... Escrever sobre o quê, então? Que assunto é o mais urgente? Qual história eu sempre quis contar? Que personagem eu sempre quis viver? Nada me ajudava a romper a barreira do papel em branco. Eis que, de uma forma totalmente arbitrária, decidi que, na primeira cena da peça, um tarô seria jogado de verdade. Uma sequência de cartas seria tirada ao acaso e as demais cenas da peça — cada uma associada a uma carta do tarô — mudariam de ordem cada noite. Foi como se uma tampa tivesse sido retirada de algum poço, e a partir daí tudo começou a fluir incrivelmente no tal papel em branco. A melhor história, a personagem da minha vida, realmente nada disso fazia sentido, a não ser a deliciosa diversão de tentar resolver todos os problemas que se apresentavam a partir da decisão de escrever cenas para serem apresentadas em qualquer ordem e ainda assim conseguir contar uma história. Poderia falar desses problemas aqui, que foram meus companheiros durante meses, anos, que me fizeram quase desistir, e também felicíssima ao achar algum caminho para resolvê-los. Mas, prefiro falar sobre quando entendi que uma limitação poderia ser absolutamente libertadora para a criação. Nada como um limite que, ao regrar seus passos, acabe por definir seu caminho e, consequentemente, a sua busca inteira. O percurso criativo parece invertido, você descobre seu objetivo depois de avançar no jogo.

Definir uma regra e depois criar um texto seguindo essa limitação imposta não é algo novo na dramaturgia, e muito menos na literatura. Desde o século XV que experimentos acerca do processo da escrita vêm sendo desenvolvidos, passando pelas vanguardas do século XX e por grupos de artistas nos anos 1970, nos quais regras restritivas criadas por seus participantes eram impostas ao processo criativo. Dispositivos combinatórios de narrativas geravam textos nem sempre interessantes, mas os entusiastas do processo não se importavam tanto com o resultado final. Mas essa se tornou, para mim, a principal questão: dando as mãos ao acaso e fazendo dele meu maestro, como garantir um resultado final que rendesse uma experiência interessante para o espectador.

Enquanto trabalhava nessa mediação, observava, divertida, que quanto mais tentava controlar o resultado do texto, mais ele me escapava. Como num rizoma, cujas ramificações se alastram e se conectam livremente, os sentidos resultantes da soma das cenas combinadas ao acaso eram imprevisíveis e indomáveis. Isso fazia do meu jogo pessoal algo ainda mais divertido, maluco, como as artimanhas do Louco, que embaralha tudo para provocar as certezas...

O Louco é o primeiro dos 22 trunfos do tarô (sequência de cartas cujas figuras arquetípicas suscitam muitas interpretações e que acabaram por desaparecer de nosso baralho moderno) e pode ser associado à figura do curinga, sendo, dessa forma, o único trunfo que permaneceu até hoje no jogo de cartas. Do baralho antigo, repleto de figuras — cuja origem muito se especula, mas não se pode determinar —, também se diz tratar-se de um livro sagrado, desmembrado e transposto em jogo para a sua perpetuação. Sagrado e profano, portanto, este "livro", dividido em breves fragmentos imagéticos, pode ser embaralhado, combinado e recombinado, e traduzido em múltiplas histórias e interpretações. Meu dispositivo foi associar livremente meus fragmentos de história a essas cartas. Digo livremente porque o sentido que surge dessa associação não me pertence, eu entendo o meu e o sugiro ao leitor/espectador, mas cada um vai ler à sua maneira.

Tenho uma alegria imensa de ver publicado este texto-jogo que tanto me alimentou e divertiu durante quase três anos de processo.

Dedico esta peça a Flávia Werger, que me deixou o Tarot de Marselha como legado de nossa breve e linda amizade, e a Bel Garcia e Márcia Machado, que me ensinaram a amar ainda mais o teatro e as mulheres.

Malu Galli

MARTA, ROSA E JOÃO

de **Malu Galli**

Marta, Rosa e João estreou em 17 de janeiro de 2019, no Sesc Pinheiros, em São Paulo.

Texto e direção
Malu Galli

Elenco
Manoela Aliperti
Malu Galli
Rodrigo Scarpelli
Katia Naiane

Direção de produção
Corpo Rastreado

Cenário e figurino
Cassio Brasil

Direção musical
Romulo Fróes

Direção de movimento
Luaa Gabanini

Luz
Wagner Antonio

Trilha sonora original
Romulo Fróes
Kiko Dinucci

Assistência de direção
Zi Arrais

Produção executiva
Thaís Venitt

Fotos
Mabel Feres

Ambientação das fotos
Rodrigo Bueno – Ateliê Mata Adentro

Assessoria de imprensa
Marcia Marques

Operação de luz
Jimmy Wong

PROCEDIMENTO PARA O JOGO-TEXTO

A peça é constituída de 22 cenas escritas. Cada uma das cenas está associada a um dos 22 trunfos do tarô. No Prólogo há um jogo de tarô. Durante este jogo, 12 cartas serão sorteadas ao acaso, e a ordem em que saírem determinará a ordem das cenas do espetáculo naquela sessão. A última cena será escolhida entre duas cartas, O Sol e O Mundo, em um segundo sorteio, ao final do jogo. A cena d'O Louco fecha a peça como epílogo. O espetáculo, portanto, é composto de um prólogo, mais 13 cenas e um epílogo. Oito cenas ficam de fora a cada sessão.

AS CARTAS-CENAS A SEREM SORTEADAS

Prólogo   p. 21
O Mago   p. 26
A Papisa   p. 29
A Imperatriz   p. 31
O Imperador   p. 36
O Papa   p. 40
O Enamorado   p. 45
O Carro   p. 48
A Justiça   p. 53
O Eremita   p. 60
A Roda da Fortuna   p. 65
A Força   p. 69
O Pendurado   p. 76
A Morte   p. 80
A Temperança   p. 83
O Diabo   p. 90
A Torre   p. 94
A Estrela   p. 98
A Lua   p. 104
O Sol (final 1)   p. 108
O Julgamento   p. 110
O Mundo (final 2)   p. 114
O Louco (epílogo)   p. 115

PERSONAGENS

MARTA: 45 anos

ROSA: 19 anos

JOÃO, O PASSEADOR DE CÃES: 30 anos

TARÓLOGA, MULHER E DONA DO CACHORRO: entre 40 e 60 anos

PRÓLOGO

Rosa está nervosa sentada diante de uma mesa. Sentada do outro lado da mesa e virada para a moça, está uma mulher compenetrada.

TARÓLOGA: Corta.

Rosa corta o baralho que está sobre a mesa.

TARÓLOGA: Tira 12 cartas.

Rosa vai tirando, uma a uma, as cartas do monte em cima da mesa. Cada carta que ela tira, entrega à taróloga.

TARÓLOGA: O Pendurado... A Torre... A Temperança... O Carro... A Força... A Roda da Fortuna... A Imperatriz... O Enamorado... A Lua... O Diabo... A Justiça... O Imperador...

Esta sequência é um exemplo, as cartas serão tiradas ao acaso em todas as sessões. A taróloga vai dispondo as cartas so-

bre a mesa, formando um círculo. Suspira, concentrada. Olha para Rosa durante algum tempo.

TARÓLOGA: Vai viajar. Nem longe nem perto.

ROSA: [*nervosa*] Vou sozinha?

A taróloga não responde. Estuda o jogo à sua frente.

TARÓLOGA: Mora com quem?

ROSA: Com meu pai. [*tempo*] Mas é o mesmo que morar sozinha. Quer dizer, é pior. Morar sozinha com alguém.

TARÓLOGA: Sei... Mas vejo você com uma mulher. Em casa.

ROSA: Não...

TARÓLOGA: [*obtendo certeza*] Mulher. [*tempo*] Quieta.

ROSA: Mas eu não...

TARÓLOGA: [*interrompendo*] Quase não fala. Não quer falar. Não sai da casa.

ROSA: Mas quem?

TARÓLOGA: [*aconselhando*] Vá até lá. Fala com ela.

ROSA: Onde?

TARÓLOGA: Corta.

Rosa corta o que sobrou do monte sobre a mesa.

TARÓLOGA: Tira uma.

Rosa tira uma carta. A Taróloga deita a carta delicadamente sobre a mesa.

TARÓLOGA: Corta e tira outra.

Rosa obedece, ansiosa. Se a carta O Louco estiver no jogo, a Taróloga a retira e a deixa separada. Em seu lugar, coloca uma das cartas que acabaram de ser sorteadas.

TARÓLOGA: [*mostra a carta sobre a mesa*] O Louco. Esse chega e sai quando quer. Vai chegar. Pra ela também.

Se a carta O Louco não tiver saído, a Taróloga emenda o texto abaixo.

TARÓLOGA: Ela vai gostar.
ROSA: [*confusa*] Quem?
TARÓLOGA: Mãe? [*confirmando*] É sua mãe.

Rosa fica paralisada. A taróloga pega o monte e vai tirando várias cartas uma a uma, rápido, e vai colocando ao lado das que estão sobre a mesa. Às vezes balança a cabeça afirmativamente.

ROSA: O que você viu sobre a minha mãe?
TARÓLOGA: Você vai até ela.
ROSA: Por quê?!

TARÓLOGA: É isso que o jogo diz. O jogo mostra você com sua mãe. Uma surpresa também aparece aqui. Na cinco. Uma chance de emprego... [*tempo*] O que você sabe sobre a sua mãe?

ROSA: Nada. Ou quase. Minha mãe não é o tipo de pessoa que se pode dizer que... Bom, tudo o que eu sei sobre ela... [*tempo. Sarcástica*] É que ela não sabe ser mãe. [*tempo*] E se eu não for? Eu posso não ir.

TARÓLOGA: Pode. Mas você vai. Está aqui. [*aponta a carta*] Esta é você.

ROSA: [*hesita*]... Só isso? E sobre o meu futuro... [*ansiosa*] E sobre o meu namorado? Quer dizer, ele não é meu namorado... talvez ele até quisesse ser... ou talvez eu até queira, mas eu ainda não sei se realmente...

TARÓLOGA: [*interrompendo*] Não.

ROSA: Não quer?

TARÓLOGA: Não aparece nada sobre ele aqui.

ROSA: Não?

TARÓLOGA: Não. Tira mais uma pra confirmar.

Rosa tira mais uma carta do monte e entrega à Taróloga. Ela coloca a carta no centro do círculo, completando o jogo.

TARÓLOGA: Está completo.

ROSA: [*desapontada*] Então, nessa viagem... que eu vou fazer... eu vou sozinha?

TARÓLOGA: Vai. Seu futuro é bom.

A taróloga junta as cartas no centro da mesa, desfazendo o jogo. Rosa está abalada.

Vai se levantando com dificuldade. Pega a bolsa, abre a carteira e tira algumas notas. A taróloga a observa fixamente.

TARÓLOGA: Ela não sabe, mas você, sim.

ROSA: [*segurando o dinheiro*] O quê?

TARÓLOGA: Ser mãe. [*tempo*] Dessa criança que está aí [*indica com o queixo a barriga de Rosa*]

Rosa se surpreende. Mudança de luz.

O MAGO

Atmosfera onírica. Novamente, tal como o início da peça, estão Rosa e a Taróloga frente a frente, sentadas a uma mesa. Elas jogavam cartas, com o baralho do tarô.

Cada uma tem a mão cheia. A Taróloga dá colheradas em um doce, de vez em quando.

TARÓLOGA: Compra.

Rosa compra uma carta do bolo sobre a mesa. Está confusa.

TARÓLOGA: Descarta.

TARÓLOGA: Vai viajar.

ROSA: Quem?

TARÓLOGA: Ela.

ROSA: Ela quem?

TARÓLOGA: Sua mãe. Ela não quer, mas vai.

Rosa olha para o doce que a Taróloga come.

TARÓLOGA: Quer?

ROSA: Não, obrigada.

TARÓLOGA: É goiaba. Do meu quintal.

ROSA: Deve ser bom.

TARÓLOGA: Tem que tirar os caroços. [*come mais uma colherada*] E às vezes tem bicho.

ROSA: Eu tinha medo de morder e encontrar o bicho.

TARÓLOGA: [*raspando o prato*] Tem gosto de goiaba.

Rosa desvia o olhar para o jogo sobre a mesa.

ROSA: O que mais você consegue ver aí?

A Taróloga olha para o leque de cartas que tem na mão.

TARÓLOGA: Seu jogo é claro.

ROSA: Mas e eu, quero dizer, eu não apareço aí neste jogo?

TARÓLOGA: Você vai.

ROSA: Pra onde?

TARÓLOGA: Pegar a estrada.

ROSA: Mas eu já...

TARÓLOGA: De novo.

ROSA: Pra onde?

TARÓLOGA: Pra casa.

ROSA: [*insiste, aflita*] Onde?

A taróloga compra uma carta do bolo.

TARÓLOGA: Ela vai dizer.

ROSA: Ela? Ela não fala. Ela não quer falar.

TARÓLOGA: Ela falou muito. Ouviu.

ROSA: E na minha vez parou?

TARÓLOGA: A sua vez é agora. [*descarta*]

ROSA: Eu passo.

TARÓLOGA: Insista.

ROSA: [*insistindo*] Eu passo. Eu passo.

TARÓLOGA: Vai voltar pra casa um.

ROSA: Eu passo.

TARÓLOGA: Seu futuro é bom. Bati.

A Taróloga abaixa todas as cartas, como em uma canastra. Em seguida, toca um acorde no teclado.

TARÓLOGA: [*falando sobre a música*] Qual a sua aposta?

ROSA: Eu vim aqui pra saber.

TARÓLOGA: [*continuando a tocar*] Qual a sua dúvida?

ROSA: Se eu nasci sem querer.

A música começa, com a participação das duas. Mudança de luz.

A PAPISA

Marta está dormindo no sofá. A TV está ligada. Rosa vem do quarto. Observa Marta dormir por algum tempo. Procura uma guimba no cinzeiro. Acende. Só dá pra uma tragada.

Olha a TV. Senta-se no chão, encostada no sofá, de frente para a TV. Assiste a um pouco do programa. Ri de uma piada. Olha o celular. Olha pra Marta, que continua dormindo. Abaixa um pouco o som da TV. Começa a gravar uma mensagem no celular.

ROSA: [*virada para a TV*] Hoje eu notei alguma coisa diferente. Ainda não tinha notado, sinceramente, não tinha nada acontecendo comigo que finalmente pudesse comprovar, como olhar no espelho e levar um susto, sonhar a noite inteira com bebês, não, tudo igual, então quando aquela mulher falou comigo, eu achei até que fosse pegadinha dela, porque como ela ia saber de uma coisa dessas, como ela conseguia olhar através de mim pra saber isso, eu que sou a pessoa que mais me conhece, afinal de contas, eu nem tinha me tocado, então ela ia saber? Absurdo isso. Mas hoje, finalmente, eu senti. Uma espécie de... Um pesinho. Como se fosse o peso de um peixinho. Será que eu tô me sugestionando, porque não deve pesar nem 50 gramas, vai, como que eu ia sentir? Mas eu acho que foi, sim, acho que eu senti a gravidez. E não é só isso, os meus peitos. Eles tão estranhos também, será possível? Sensíveis. E sono. Muito sono. Tô dormindo tão bem, nossa, impressionante. É isso. [*para de gravar, não contém o choro*] Eu tô grávida... [*tempo*] De repente, um dia, você acorda e te falam: Tá sabendo da novidade? Você tá grávida!

E aí? Tá feliz? O que é que você vai fazer? Vai contar pra ele? [*chora um pouco. Olha para a mãe que continua com os olhos fechados. Fala com ela*] O pai desse... peixe é um cara tão... tão... enervante, ele parece sempre... saciado com as coisas, como se ele nunca quisesse um pouco mais, sabe, como se já estivesse bom pra ele assim, como pode ser, se ele ainda não tem nem 20 anos, eu que tenho quase isso sinto o tempo inteiro uma vontade de... sei lá, de procurar alguma coisa que me deixe mais... que me empurre, que me faça... Ah, então eu também parei de falar, eu não falo mais com ele as coisas, pra quê?, a gente nem conversou direito um dia, eu acho. E se fosse conversar agora, com esta situação instaurada, que tipo de conversa seria, seria uma conversa já com uma cara de. "E aí, meu filho, vai ou racha?". Não tô a fim disso, não, não tô mesmo a fim de passar por isso. Deixa, deixa ele pra lá com aquela cara de...

O telefone da casa toca. Rosa atende. Marta não se mexe.

ROSA: Alô. [*olha para Marta*] ... tá. Você quer... [*cutuca Marta para acordá-la. Marta não se mexe*] ... tá, mas não pode falar. Você quer deixar recado? [*escuta*] Ahn... sobre um emprego? [*cutuca Marta*] ...tá bom, eu falo. [*tempo, ouve*] ... ela sabe, né? [*se dá conta*] Ah, ela já esteve aí. Espera. [*pega seu celular e anota alguma coisa que a pessoa dita do outro lado*] ... tá. De nada.

Desliga. Olha para a mãe. Marta pega uma almofada e coloca em cima da cabeça, virando-se pro outro lado, suspirando. Rosa olha o celular. Mudança de luz.

A IMPERATRIZ

João e Marta. Conversam animadamente. Rosa observa, de longe. Eles comem biscoitos enquanto conversam.

JOÃO: Mas você sabia que ia ser difícil. E mesmo assim arriscou?

MARTA: Claro! Essa era a graça. Eu tinha que dar um jeito de entrar naquele hotel e falar com aquele homem! Eu tinha duas perguntas pra fazer pra ele, mais nada, mas se ele me respondesse, nossa, eu teria conseguido o impossível. Mas eu tinha pouco tempo. Eu sabia que ele tinha um voo marcado pra dali a três horas, ele já devia estar saindo pro aeroporto. Eu não podia esperar por ele na rua, porque aí ele já estaria cercado de seguranças dentro de um carro blindado, vidro preto, acabou, eu ia dançar.

Rosa escuta, atenta.

JOÃO: Uau, essa foi demais, eu não teria pensado nessa solução...

MARTA: Na hora do sufoco as ideias pulam na sua frente. Você tem que estar atenta pra segurar.

JOÃO: Bonita a sua vida.

MARTA: [*sorrindo*] Você acha?

ROSA: [*se aproximando*] Eu também acho. Gosto de pensar em você fazendo essas coisas.

Marta gosta.

ROSA: Quando eu pensava em você, pensava numa coroa sentada num escritório, em frente a um computador.

MARTA: Mas eu sou essa também.

ROSA: Sim, mas eu nunca poderia imaginar você, na garupa de uma motocicleta, seguindo um sujeito pela cidade até o hotel dele, depois driblando os seguranças com a maior cara de pau!

MARTA: Isso é fácil. Difícil é conseguir chegar numa testemunha protegida. Gente que vive reclusa, com medo de morrer. Conseguir chegar e conseguir a matéria. E depois saber, pelo jornal, que ela morreu. Provavelmente por causa do que você fez ela dizer. Por causa do que você arrancou dela.

ROSA: Mas como você fez? Por que você acha que ela falou com você?

Marta pensa um pouco.

MARTA: Porque eu queria muito.

Rosa fica olhando para Marta, impressionada.

MARTA: É isso, eu queria mais do que tudo.

JOÃO: E agora, você quer o quê?

MARTA: [*depois de pensar um pouco*] Quase nada.

JOÃO: [*para Rosa*] E você?

ROSA: [*pensa um pouco*] Acarajé!

JOÃO: Vai ser difícil conseguir um acarajé agora pra você.

ROSA: Eu não disse que ia ser fácil...

O telefone da casa toca. Rosa faz menção de se levantar pra atender. Marta a impede.

MARTA: [*abruptamente*] Não!

ROSA: [*sem entender*] Mas... tá...

MARTA: Por favor.

ROSA: Mas qual o proble...

MARTA: [*enfática*] Eu tô pedindo. Eu não quero.

Os três ficam parados escutando o telefone tocar até parar. Silêncio. Marta suspira aliviada.

MARTA: Teve uma vez que eu inventei uma história mirabolante pra entrar numa festa. Não sei o que me deu, quando eu vi, era como se a minha boca falasse sozinha, eu só me preocupava em olhar fixamente pros olhos do segurança pra garantir que ele estava me acompanhando. Eu acho que na metade da história ele já não estava, mas eu mantinha o olhar e ele não podia desviar... No final, eu achei que não tinha dado certo porque ele não esboçava nenhuma reação, mas depois entrou comigo e me levou até a mesa do homem que eu precisava encontrar! Acabei sentada ao lado dele o jantar inteiro, fiquei amiga da esposa, marquei entrevista, foi inacreditável. Às vezes eu acho que é pura sorte. Ou então é muita fé. Como se não houvesse a possibilidade de dar errado. Se você não considera essa possibilidade, então ela não existe.

ROSA: Igual a não considerar que o telefone tocou? Ele não deixou de existir. Nem a pessoa do outro lado da linha.

MARTA: Eu sei que não. Mas não tenho que atender ao telefone só porque ele tocou. É uma espécie de comando universal, irrecusável?

Rosa suspira.

ROSA: Eu só não entendo qual é o problema!

MARTA: Tem muita coisa que você não entende.

ROSA: Foi por isso que eu vim.

JOÃO: Eu vou pra casa. Marquei com uma gororoba na geladeira, às sete e meia. Ela já deve estar me esperando. Tchau, meninas! Cuidado na curva.

Sai. As duas ficam um pouco em silêncio.

ROSA: Você sabe fazer acarajé?

MARTA: E se eu souber?

ROSA: Você vai ter que fazer pra mim.

MARTA: [*tempo*] E por que eu faria?

ROSA: Porque você sabe! Porque eu quero muito. [*tempo*] E porque você vai gostar de fazer.

MARTA: Você é mandona.

ROSA: Tive a quem puxar.

MARTA: Vou ter que concordar com você.

ROSA: E então, o que é que você me diz? Você sabe que não se recusa um pedido de uma pessoa na minha condição. É um comando universal.

Rosa ri. Marta sai pra cozinha, vencida. Rosa vai atrás. Mudança de luz.

O IMPERADOR

Marta está sentada diante de uma mulher. Entre elas, uma mesa com alguns papéis.

MULHER: Assina. Aqui.

Marta obedece.

MULHER: Aqui. E nessa também.

A mulher dispõe as folhas na mesa. Analisa. Olha para Marta, estranhando.

MULHER: Da outra vez que você veio não foi comigo que você falou, foi?

MARTA: Foi... Com você.

MULHER: [*olhando para a ficha*] Exato... Sua última experiência foi esta, há dois anos? De lá pra cá, fez o quê? *Freelancer*?

MARTA: Aqui e ali... sabe como é.

MULHER: Inglês, espanhol, um pouco de alemão... Correspondência em vários países... Mas o que conta mais é isso aqui.

MARTA: O quê?

MULHER: Esses prêmios todos.

MARTA: Os prêmios?

MULHER: Não deve ser difícil pra você receber uma proposta de trabalho.

MARTA: Não é.

MULHER: Tem recebido?

MARTA: [*hesita*] Eu quase nunca estou em casa, então se ligam pra lá... Eu troquei o número do celular porque eu tive um problema com o...

MULHER: Mora sozinha?

MARTA: Sozinha. Quer dizer, com o meu cachorro.

A mulher suspira. Olha os papéis. Volta-se para Marta.

MULHER: Essa demissão aqui... foi motivada pelo quê, exatamente? Porque este jornal...

MARTA: Eu precisei parar.

MULHER: Mas foi justa causa, quer dizer, eles alegam que...

MARTA: Eu tive um problema. Então ficou difícil de atender às demandas de...

MULHER: [*interrompendo*] Você não cumpria os prazos?

MARTA: Não era um problema exatamente com os prazos, era um problema pessoal.

MULHER: Que problema pessoal?

MARTA: As pessoas às vezes são excessivas.

MULHER: A qual tipo de excesso você se refere?

MARTA: [*tempo*] Ao meu.

MULHER: [*dispersa, já um pouco sem paciência*] Compreendo.

MARTA: Eu precisava estar satisfeita com o resultado... eu precisava de mais tempo pra...

MULHER: Como você caracterizaria este seu problema? Perfeccionismo?

MARTA: Eu... estava muito cansada.

MULHER: ... exato... [*olha a ficha*] E agora não está?

MARTA: [*direta*] Eu preciso trabalhar.

MULHER: ... exato...

A mulher escreve na ficha. Olha para Marta. Escreve mais um pouco. Marta fica um pouco desconfortável.

MULHER: Você sabe como é o trabalho, não?

MARTA: Sim.

MULHER: Sabe que é pouco, perto do que você...

MARTA: É muito.

A mulher a encara.

MULHER: E sabe das nossas necessidades, né?, disponibilidade total, carga horária...

MARTA: [*interrompendo*] Sei. Sei bem como é.

MULHER: Sobre o salário, benefícios etc., você está de acordo, não?

Marta confere um papel à sua frente.

MARTA: Sim. Pra começar.

MULHER: Talvez ainda tenha que voltar aqui pra acertar melhor os detalhes. Ele quer te conhecer também. Vai analisar e depois vai querer falar com você. Vai querer saber melhor sobre tudo isso e...

MARTA: Ok.

MULHER: Sabe que o trabalho não é aqui, não é? É na matriz.

MARTA: [*se assusta*] Ah... é? Não sabia. Quer dizer, eu imaginava que isso pudesse...

MULHER: Preparada pra viajar?

MARTA: [*nervosa*] É. Quando?

MULHER: Você ficou nervosa? [*tempo. Marta não responde*] Não pretendia viajar?

MARTA: Não, é que... Eu fui pega de surpresa, mas me disponho, sim, eu entendo que...

A mulher junta os papéis e se levanta, interrompendo a fala de Marta. As duas se cumprimentam com um aperto de mãos.

MULHER: Se tudo der certo, em breve entraremos em contato. Bem-vinda à casa.

Marta está muito desconfortável. Mudança de luz. Música.

O PAPA

Marta fala ao telefone.

MARTA: Como assim, por que ela veio? Veio porque quis. Não fui eu que chamei, como você deve estar pensando. [*ouve*] Também não sei quanto tempo ainda vai ficar, já perguntei algumas vezes, mas ela não responde. [*ouve*] Está bem, parece, só enjoa de vez em quando.

A campainha toca e João entra. Marta ainda está ao telefone. Dá um oi para ele.

MARTA: Eu enjoava também, acho que mais até.

João se senta no sofá. Escuta a conversa.

MARTA: Por que você não vem até aqui buscar? Falar é fácil. Toma uma atitude! Talvez você prefira deixar como está, né? Deixa a bomba comigo. [*ouve*] Então tá. Ahã. Tchau.

Marta desliga, irritada. Vai até a geladeira, pega um copo d'água. Bebe.

JOÃO: Bomba! Onde?!

MARTA: No quarto, dormindo.

JOÃO: Pelo menos já localizamos. Fica mais fácil desarmar.

MARTA: Ela tem razão, você tem sempre uma piada.

JOÃO: Tá certo. Não dou mais um pio. Pra acordar a granada, acho cacarejo mais indicado.

João cacareja alto. Cacareja de novo.

MARTA: Para com isso! Você é maluco?

JOÃO: Ela deve ter acordado. [*olha o relógio e acompanha o ponteiro*] Tique-taque, tique-taque, tique-taque.

Rosa chega na sala, com cara de sono.

ROSA: Qual é a graça de acordar as pessoas?

JOÃO: Você é uma granada ou uma bomba-relógio?

ROSA: O que é isso?! Fala português!

JOÃO: Ela disse que você é uma bomba.

MARTA: Ele tá brincando.

JOÃO: Mas é fácil de desarmar.

ROSA: Sou uma bomba-relógio. Prestes a explodir.

MARTA: Você não é bomba.

ROSA: O que eu sou, então? Você sabe? Eu adoraria saber.

MARTA: Você é minha filha. Você tá grávida e não sabemos o que fazer com isso.

ROSA: Você não sabe, eu sei muito bem.

JOÃO: Você vai expelir uma bombinha de potencial destruidor.

ROSA: Põe destruidor nisso, dá pra demolir um prédio.

JOÃO: Se jogar no mar, faz um tsunami no Japão.

MARTA: Para! Isso não é brincadeira.

JOÃO: Pensei que fosse. [*sério, para Rosa*] Você jogaria ele no mar?

ROSA: Quem falou isso foi você.

MARTA: Ela vai destruir um prédio.

ROSA: Onde eu vim parar?!

MARTA: Na casa da sua mãe.

Tempo.

JOÃO: Ora, ora.

Tempo. Marta fica desconfortável. Rosa também. João pega a coleira, dá um assovio que parece uma piada. Vítor responde. Ele sai.

ROSA: E na casa da minha mãe, uma grávida pode dormir sossegada?

MARTA: Pode. Deve.

ROSA: Esse cara me deixa louca.

MARTA: Não sei por quê. Ele só passeia com o cachorro.

ROSA: Ele entra e sai o tempo todo. E fala um monte de bobagem.

MARTA: Eu não quis dizer que você é uma bomba.

ROSA: Que bom. O que você quis dizer?

MARTA: Que eu não sei o que fazer com você...

ROSA: E precisa fazer alguma coisa?

MARTA: Deve precisar...

ROSA: Não precisa trocar a minha fralda. Nem me fazer arrotar. Nem precisa me levar pra passear.

MARTA: É só deixar você dormir.

ROSA: Já é alguma coisa.

MARTA: Quer um conselho?

ROSA: Vai vender?

MARTA: Não se sinta obrigada a fazer nada que você...

ROSA: [*interrompendo*] Eu não me sinto.

MARTA: Bom começo.

ROSA: Não é questão disso.

MARTA: É, sim.

ROSA: [*deixa escapar um sorriso tímido, admite*] Talvez.

Tempo.

MARTA: Seu pai ligou. Quer saber quando você volta.

ROSA: Incrível. Deve estar morto de saudade.

MARTA: Eu falei pra ele vir te buscar.

ROSA: Eu não preciso ser resgatada.

MARTA: Mas é claro que ele não vem.

ROSA: Ele não vai até a esquina.

MARTA: Ele não entende por que você veio. Logo agora que você...

ROSA: Pra lá eu não volto.

MARTA: Volta pra onde, então?

ROSA: [*tempo*] Agora eu vou voltar pra cama.

Rosa vai andando em direção ao quarto. Marta fica parada, olhando para ela. Mudança de luz. Música.

O ENAMORADO

Os três estão sentados na sala, vendo TV e rindo das piadas do programa. João se levanta de súbito.

JOÃO: Alguém quer uma cerveja?

MARTA E ROSA: [*juntas, sem querer*] Eu!

João vai até a geladeira e pega duas latas. Os três bebem. Rosa se levanta e coloca uma música. Começa a dançar sozinha. João e Marta seguem bebendo e conversando.

MARTA: Eu fui lá. Me disseram que em uma semana sai a resposta.

JOÃO: Eu sabia que ia dar certo.

MARTA: Mas ainda não deu certo.

JOÃO: Vai dar...

MARTA: Como você sabe?

JOÃO: Olha pra você!

MARTA: O que é que tem?

JOÃO: Eu não diria não pra uma mulher como você.

MARTA: [*interessada*] Uma mulher como?

JOÃO: Eles não fariam isso...

MARTA: Uma mulher como?

João olha para Marta e não responde. Marta ri. Rosa dança.

João pega um cigarro, e no caminho para e observa Rosa dançando. Ele começa a dançar com ela. Marta bebe, observando os dois. Eles dançam mais juntos. João encara Rosa enquanto dança. Depois de um tempo, Rosa se afasta e se senta num canto. Pega o celular. João fuma, olhando para as duas. Tempo. Ele apaga o cigarro e se senta perto delas. Ficam assim por um tempo, em silêncio.

JOÃO: Eu comeria um macarrão à carbonara, agora! Um picadinho de filé!

MARTA: [*faminta*] Hum... Eu quero!

ROSA: [*surpresa*] Olha pra você!

MARTA: O quê?

ROSA: E sabe de quem é a culpa?! [*vira-se para João*] Sua!

João ri alto.

ROSA: [*divertida*] Essa mulher nem me olha direito! De manhã eu fujo dela com a minha xícara de café. Tenho medo de comentar sobre o tempo! [*tempo*] Sabe quantas vezes ela me mandou embora?!

MARTA: Eu te contei a minha vida inteira, mas você estava muito ocupada ouvindo música.

ROSA: E sobre a minha vida, você quer ouvir? Ou só tem interesse em gente estranha?

MARTA: Não por isso, olha pra você. [*ri*]

ROSA: [*nervosa*] Muito engraçado!

MARTA: [*rindo*] Eu acho... [*se levanta e estende a mão para Rosa*] Prazer, meu nome é Marta, como vai?

ROSA: [*cínica*] Esse é o melhor momento da minha vida...

JOÃO: Acho que já vou. Tenho que passear com o Ivan. Ele só faz xixi no fradinho, deve estar apertado.

ROSA: Ah, não! Só mais uma! Por favor...

João ri. Marta os observa. Rosa se levanta, pega mais uma lata e oferece para ele.

MARTA: [*se jogando no chão da sala com as pernas e os braços abertos*] Sabe que eu nem queria que chegasse a semana que vem? Por mim, parava o tempo aqui. Pouco importa se vão me querer ou não.

JOÃO: Já disse que isso é impossível.

MARTA: Você não sabe de nada, rapaz.

JOÃO: Sei com quantos paus se faz uma canoa.

MARTA: Com quantos?

JOÃO: Com um. Bem grandão. Um tronco.

João fica de pé, olhando Marta deitada. Rosa beija João na boca. Marta se levanta bruscamente e vai aumentar o som. Começa a dançar. João a observa. Vai até ela.

Começam a dançar bem próximos. Rosa olha o celular. Mudança de luz.

O CARRO

Marta está comendo à mesa. Rosa vem de dentro, com os fones de ouvido. Olha o prato da mãe. Marta percebe, pega a travessa com a comida, prato e talheres e coloca em cima da mesa. Volta a comer. Rosa senta, se serve e começa a comer, sempre ouvindo música. Marta se levanta, pega uma jarra com suco e dois copos. Serve o copo de Rosa, depois o seu. Rosa bebe e come, olhando para o prato. Marta fica olhando para Rosa. A filha continua distante. Marta se levanta, sai da mesa e pega seu livro no sofá. Volta para a mesa e continua a comer, agora lendo. O barulho dos talheres no prato irrita Marta. Ela tenta se concentrar na leitura. Em algum momento, Marta se cansa e fecha o livro, vencida. Toma o suco. Rosa termina de comer, se levanta e sai da mesa e sai com seu prato e o copo. Volta para a sala e se deita no chão, bem no meio, com as pernas e os braços abertos.

Começa a cantar baixinho a música que escuta pelo fone. Marta vem com seu copo para o sofá e se recosta, tomando o suco. Rosa começa a cantar alto, de olhos fechados, e não escuta quando a campainha toca e João entra. Ele fica parado olhando Rosa deitada no meio da sala, acha graça. Isso dura um tempo. Rosa abre os olhos e se assusta, fica um pouco sem jeito.

ROSA: Eu nem vi você...

MARTA: [*irônica*] Novidade!

ROSA: [*para Marta*] Ele tava aí há muito tempo?

MARTA: Há séculos.

JOÃO: O suficiente pra escutar essa versão nova, eu não acredito que os caras conseguiram fazer uma versão pop desta música! Eles fazem versão pop de tudo, agora qualquer coisa vira esse negócio dançante, parece um comando pras pessoas ficarem o tempo todo assim.

João faz um balancinho com os ombros e a cabeça. Rosa ri e se levanta.

ROSA: Eu gosto desta versão, mas a original acho muito linda também, eu gostava de ouvir quando chegava da escola, bem alto, eu me deitava no chão assim, sempre gostei.

MARTA: Eu ouvia essa música nas minhas viagens... Tem música que é perfeita pra ouvir na estrada.

ROSA: Você viajava muito? [*tempo*] Você foi a muitos lugares? Quantos países você já conheceu?

MARTA: Muitos. Minha casa era qualquer quarto de hotel que me enfiassem, não importava o país, são todos iguais. Check-in, check-out, táxi, café, as perguntas, as respostas. [*tempo*] Eu já viajei o suficiente nesta vida.

JOÃO: A sua profissão é bonita.

MARTA: A minha profissão não existe mais.

JOÃO: [*rindo*] Você não existe.

ROSA: Eu sempre tive orgulho de você.

JOÃO: A minha profissão me obriga a viajar muito. Eu conheço quase todos os lugares em que eu passei. QUASE. E as pessoas também.

João senta no sofá.

JOÃO: [*para Rosa*] Aposto que você ainda não.

ROSA: Eu ainda nem comecei... tanto lugar pra ir... Eu não conheço quase nada.

JOÃO: Que tal começar pela EXCITANTE vizinhança? Nooooossa, muita coisa pra ver, você nem imagina, os cachorros ficam exaustos de tanta informação. Eles voltam totalmente transformados pela experiência, uma coisa que leva um tempo pra digerir. [*tempo*]

João olha para Rosa.

ROSA: Nem tão excitante assim.

JOÃO: Se você quiser, eu posso te mostrar um outro lado.

ROSA: Qual lado? Aqui do bairro? Muito interessante.

JOÃO: [*confirmando*] Pelo contrário. Mas agora é a vez do Vítor se divertir. Ele está precisando abrir a cabeça.

MARTA: Aonde você pretende levar o meu cachorro? Ele não gosta de grandes emoções.

JOÃO: Ele gosta de ser contrariado.

Marta sai pra pegar a coleira.

ROSA: Não dá pra levar vocês a sério!

JOÃO: Eu te levo. Mesmo se você não estiver preparada.

ROSA: Gosto de andar sozinha.

JOÃO: Eu também.

ROSA: E os cachorros?

JOÃO: Eu solto todos eles.

ROSA: Solta os cachorros?

JOÃO: Ossos do ofício.

ROSA: Soltar os cachorros?

JOÃO: [*sério*] Pra extravasar.

Rosa ri. Marta volta com a coleira.

MARTA: Ele tá agitado hoje.

ROSA: Vá com eles...

MARTA: Eu? Por quê?

ROSA: Pra sair um pouco...

MARTA: Você quer ficar sozinha?

ROSA: Talvez.

MARTA: Você veio até aqui pra ficar sozinha?

ROSA: Deve ter sido.

JOÃO: Não deveria ter vindo.

ROSA: E você deveria fazer o seu trabalho.

MARTA: [*para Rosa*] Deveria, sim.

JOÃO: Deveria, devo, não nego, pago na volta, quando puder, [*para o cachorro*] vamos pra rua??!!

Marta entrega a coleira para João. Ele assovia chamando o cão. O cão late em resposta. João caminha até a porta que dá para os fundos.

JOÃO: [*de fora*] E aí, cara, tá pronto? Coloca o cinto e vamos nós. Tchau, meninas. Não esperem acordadas.

Elas ficam paradas. A mãe tira um pelo da blusa da filha. Passa a mão pelo seu ombro. Mudança de luz. Música.

A JUSTIÇA

Rosa entra na casa e encontra João sentado no sofá.

ROSA: Tô atrapalhando?

JOÃO: Não sei, o quê?

ROSA: Você tem a chave?

JOÃO: Você quer?

ROSA: Bem, não é você quem vai resolver isso...

JOÃO: Hoje eu tive um dia difícil. Não conseguiria resolver muita coisa.

ROSA: E se você resolvesse levar o Vítor pra passear? Não é o seu trabalho?

JOÃO: O Vítor foi internado.

ROSA: O que ele tem?

JOÃO: Ninguém sabe, eu acho que é psicológico.

ROSA: Como assim, psicológico, o Vítor é um cachorro!

JOÃO: Por isso mesmo. [*se levanta e vai até a geladeira*] Eu fiz uma comida, você quer? Gororoba número 15, pode ser que você goste. Sua mãe vai chegar cansada.

ROSA: Ela deve estar em pânico deste cachorro morrer, deve estar inapetente, histérica, apoplética, hirta, sôfrega.

JOÃO: Ciumenta, egoísta, orgulhosa, teimosa, boboca.

ROSA: Você gosta dela, né?

JOÃO: Você não?

ROSA: Como eu posso saber? Não tive essa chance.

JOÃO: Você tem chance até de gostar do Vítor.

ROSA: Do Vítor? Não vai ser nesta vida.

JOÃO: E da sua mãe você já gosta. Você veio até aqui.

ROSA: Uma mulher me disse pra vir.

JOÃO: Uma mulher?

ROSA: Ela disse: você vai. E eu vim.

JOÃO: Muito tempo na estrada?

ROSA: Não sei o que eu tô fazendo aqui.

JOÃO: Nem eu. Mas dá pra sair. Na sua vez.

ROSA: [olhando a comida] Interessante isso daí.

JOÃO: A número 15? Misturei o que tinha pra ver no que dava. Vamos esperar a sua mãe.

ROSA: E se ela demorar?

JOÃO: Ela demora?

ROSA: Não sei, depende do cachorro; quando dependeu de mim, ela demorou a minha vida inteira.

JOÃO: Cachorro vive menos.

ROSA: Por que cada ano de um cachorro equivale a sete anos de uma pessoa? Quem inventou isso?

JOÃO: Porque uma pessoa tem que viver sete anos pra chegar perto do ano do cachorro.

ROSA: E o gato tem sete vidas? [se diverte] A bota tem sete léguas... Alguém cismou com o sete! Alguém pintou o sete...

JOÃO: Sete anões.

ROSA: Sete pecados capitais. Sete dias da semana.

JOÃO: [*cantarola*] Sete e sete são catorze, três vezes sete, 21, tenho sete namorados, só posso casar com um.

Tempo.

JOÃO: Quantos anos você tem?

ROSA: Quantos anos você me dá?

JOÃO: 140.

ROSA: [*não gosta*] Por quê?

JOÃO: Você já está bem velha.

ROSA: [*séria*] Você acha? Eu já vivi muito, é isso?

JOÃO: [*olha longamente para ela*] Viveu pouco. Mas viveu como um cachorro.

ROSA: [*agressiva*] Ah, vai ver se eu tô na esquina!

JOÃO: Tá vendo? Você é séria demais.

ROSA: E você é maluco.

JOÃO: Sou.

Tempo.

ROSA: Se ela não chegar, a gente come. Eu tô com fome. [*se emociona*] Eu tô grávida!

JOÃO: Já escolheu o nome?

ROSA: Não.

JOÃO: Em que mês vai nascer?

ROSA: [*afrontando*] E se não nascer?!

JOÃO: Mas se fosse nascer, seria daqui a quantos meses?

Rosa pensa. Começa a rir.

ROSA: Sete!

Os dois riem. Marta chega, cansada.

ROSA: Até que enfim, vamos comer!

MARTA: Boa noite pra você também. Não vai perguntar do Vítor?

ROSA: E o Vítor?

MARTA: Vai ficar esta noite lá.

JOÃO: Ele vai ficar bem.

MARTA: [*abalada*] Vai.

João serve os pratos de Marta e Rosa.

MARTA: Fiquei pensando em como seria se ele não voltasse pra casa.

ROSA: Sua vida seguiria exatamente igual.

JOÃO: Com a diferença que eu não viria mais aqui.

ROSA: Claro que viria, você ia inventar uma desculpa pra continuar vindo aqui.

MARTA: Ele não precisa de desculpa, ele pode vir a hora que quiser.

JOÃO: [*sério*] E posso sair também.

ROSA: [*irônica*] Desculpa.

JOÃO: [*agressivo*] Vê se eu tô na esquina. Te faço tropeçar.

ROSA: Ui, que medo.

MARTA: Vamos parar, vocês dois? Quantos anos vocês têm?

ROSA: Divididos ou multiplicados por sete?

JOÃO: Ela não vai entender.

Marta termina de comer.

MARTA: Tava ótimo. Você, ainda por cima, é bom cozinheiro.

JOÃO: Por cima... tem um tempero especial... [*se aproxima de Marta*]

Tempo.

ROSA: Vou dormir. Gravidez dá muito sono.

JOÃO: Se você dormir sete meses, passa rapidinho e ele já nasce amanhã.

ROSA: Eu queria dormir pra sempre.

MARTA: Não precisa me copiar, você pode ser melhor do que eu.

ROSA: [*com ironia triste*] Melhor que você não há. Nem que eu passasse a minha vida inteira tentando.

Rosa sai. Marta fica triste.

JOÃO: Eu sou obrigado a concordar com ela.

MARTA: Você nunca fala a sério.

JOÃO: Eu falo seriíssimo.

MARTA: Você acha que ela tá certa.

JOÃO: Errado. Você acha.

MARTA: Você acha o quê?

JOÃO: Acho graça.

Tempo.

MARTA: E se o Vítor morrer?

JOÃO: Ficam vocês duas pra contar a história.

MARTA: [*dramática*] Eu vou ficar sem um pedaço.

João pega com a mão um pedaço do que está comendo e dá pra ela. Ela come.

JOÃO: [*olhando para a travessa vazia*] Foi a conta certa. Nem mais nem menos!

MARTA: Na medida.

JOÃO: A mãe, a filha e o passeador de cachorros.

MARTA: Isso porque o Vítor não está aqui pra pegar o restinho.

JOÃO: Comida boa nem cachorro come. Tá satisfeita?

MARTA: Sim.

JOÃO: Sério?

MARTA: [*ri*] Seriíssimo.

Mudança de luz. Música.

O EREMITA

João passeia com Marta. Andam juntos, em silêncio. Ele para de repente.

JOÃO: Espera aí, esta é a primeira vez que nós passeamos juntos?

MARTA: Acho que sim.

JOÃO: Mas que honra!

Marta sorri.

JOÃO: E por que logo hoje?

MARTA: Vontade.

JOÃO: Vontade de quê?

MARTA: De falar. Antes eu não tinha.

Ele fica impressionado.

JOÃO: Você não parece esse tipo de pessoa.

MARTA: Qual tipo de pessoa?

JOÃO: O tipo que não fala. Pra mim você é do tipo superfalante.

MARTA: Sou. Também. Vivi disso muito tempo. Talvez por isso. Cansei da minha voz.

JOÃO: E como é ficar assim... cansada?

MARTA: É calmo. Às vezes é tudo o que uma pessoa precisa: se cansar. O mundo tá cheio de gente cheia de energia, eu não fiz muita falta.

JOÃO: Duvido.

Tempo.

JOÃO: Isso já tinha acontecido antes com você?

MARTA: Já.

JOÃO: E como era?

MARTA: Não se ouvia nada na casa, só o choro da neném. [*tempo*] Minhas mãos tremiam, eu tinha medo de jogar ela no chão.

JOÃO: Você saía com ela?

MARTA: Eu trazia a neném pra passear no parque, mas a conversa das outras mães me dava uma vontade incontrolável de rir. E de mentir. De contar uma coisa bem apavorante pra ver a cara delas. Eu tinha vontade de deixar a garota ali e dar uma volta sozinha. Um dia eu fiz isso. Mas depois voltei.

JOÃO: Sei como é.

Tempo.

MARTA: Minha filha cresceu... Impressionante como isso é possível. Acontece de qualquer maneira, independente do que você faça.

JOÃO: É uma filha grande. Uma bela de uma adulta.

MARTA: Mas é uma estranha. Se bem que quando ela nasceu, eu olhei para aquele rosto desconhecido e não foi muito diferente.

JOÃO: Eu acho você bem estranha. Olá, estranha.

MARTA: [*rindo*] Não tem ninguém mais estranho do que você!

JOÃO: Eu sou muito familiar! Eu poderia pertencer a qualquer grupo. Eu sei me adaptar.

MARTA: Você não existe.

JOÃO: Será que não?

MARTA: Eu gosto de você.

JOÃO: Eu gosto de você.

Tempo.

JOÃO: [*olhando em volta*] Quando eu cheguei aqui, isto era só um terreno baldio. Agora, olha só pra este lugar! Tem coisas que você não imagina que possam acontecer. Mas é bom ser surpreendido... eu gostaria de levar algum tipo de susto todos os dias. Você não?

Marta para. Pensa um pouco.

MARTA: Acho que não... Talvez eu viva assustada.

JOÃO: Você deveria considerar essa possibilidade.

MARTA: De onde você veio?

João dá um passo em direção a ela, apontando para trás, para o lugar que estava antes.

JOÃO: Dali.

João vira a cabeça para Marta. Estão muito próximos. Marta ri.

JOÃO: Do que é que você mais gosta? No mundo.

MARTA: [*se afasta um pouco*] Do mar.

Tempo.

MARTA: Eu morei um tempo em uma casa na praia. Ficava em cima de uma rocha. Quando a maré estava alta, as ondas batiam com força na pedra. Eu comecei a achar que o barulho daquelas ondas estava me enfeitiçando.

JOÃO: Mentira! Era você que atraía as ondas pra elas irem até lá, barulhar na sua rocha.

MARTA: Eu não conseguia mais escrever.

JOÃO: [*tempo*] Deve ser muito bom surfar aquelas ondas gigantes.

MARTA: Deve dar vertigem.

Ficam um tempo em silêncio.

JOÃO: Eu gosto de entrar no mar até uma distância que vai ser difícil de voltar. Eu faço uns tratos comigo.

Eu combino de deixar as coisas andarem até um limite. [*tempo*] Eu poderia atravessar você agora.

MARTA: Que horas são?

JOÃO: Muita coisa ainda pode acontecer.

MARTA: Que tipo de coisa?

JOÃO: Aí é que está, o bom é não saber.

Marta fica em silêncio. Eles se olham.

MARTA: Eu vou pra casa.

JOÃO: Por quê?

MARTA: Porque está tarde.

JOÃO: Melhor.

MARTA: Depende.

JOÃO: Do quê?

MARTA: Do tipo de susto que você está preparada pra tomar.

JOÃO: Ninguém está preparado.

MARTA: Você vem?

JOÃO: Eu vou ficar aqui. Esperando você voltar.

MARTA: Eu não vou voltar.

Marta vai andando embora dali. João fica parado, olhando-a se afastar. Senta-se.

Olha pro céu, tira uma gaita do bolso, começa a tocar. Mudança de luz.

A RODA DA FORTUNA

Marta está sentada no sofá, arrumada pra sair. Está colocando os sapatos. Rosa vem de dentro, sonolenta, para diante da mãe.

ROSA: É hoje?

MARTA: [*ansiosa*] É. Que horas são?

ROSA: Umas três.

MARTA: [*pegando a bolsa*] É longe, não posso me atrasar...

ROSA: Será que vão te dizer se o trabalho vai ser aqui, ou não?

MARTA: Espero que seja aqui.

ROSA: E se não for?

MARTA: Eu não vou.

ROSA: Vai, sim.

MARTA: Tchau, eu acho...

Rosa faz uma expressão de dor e põe a mão na barriga. Se curva para a frente. Sente outra fisgada e geme de dor.

MARTA: [*voltando da porta*] O que foi?

ROSA: [*pálida*] Nada.

MARTA: Você tá com dor?

ROSA: Um pouco, já passou...

MARTA: Senta...

Rosa se senta numa cadeira. Marta pega um copo d'água.

MARTA: Bebe.

ROSA: [*depois de beber*] Obrigada. Já tá normal.

MARTA: Você tem sentido isso? [*se dando conta*] Você já foi ao médico fazer exame, essas coisas?

ROSA: Não...

MARTA: Mas você tem que ir!

ROSA: Você também tem que ir agora, não tem? Eu tô bem, obrigada.

MARTA: Eu não tenho que ir a lugar nenhum.

ROSA: Como não? Estão esperando por você.

MARTA: Por mim e por vários outros candidatos.

ROSA: Marcaram hora com você.

MARTA: [*tirando o casaco*] Você comeu hoje?

ROSA: Que preocupação é essa agora?

MARTA: Você não pode viver como vivia antes, agora é diferente, você...

ROSA: Agora você tem que ir!

MARTA: Você está grávida!

ROSA: [*irônica*] Grávida? Eu? Mas como isso foi acontecer?!

MARTA: Você tá brincando?

ROSA: E você tá brincando de mãe pra fugir da sua vida?

MARTA: Cala a boca.

Rosa fica magoada. Marta sai da sala. Rosa se deita no sofá, encolhida. Tempo. Marta volta. Pega o casaco, coloca. Olha para Rosa.

MARTA: Eu vou. Ainda dá tempo.

ROSA: Dá.

MARTA: Você tá bem?

ROSA: [*seca*] Você tá mesmo interessada?

MARTA: Muito.

ROSA: Eu tô bem, eu acho.

MARTA: Tá mais gordinha.

ROSA: Obrigada.

MARTA: Eu virei uma bola na gravidez.

ROSA: Que pesadelo.

MARTA: Meus pés incharam.

ROSA: Deus me livre.

MARTA: Meu umbigo saiu pra fora.

ROSA: Para! Por favor.

MARTA: [*rindo*] Te falaram que era o máximo? O melhor da vida?

ROSA: [*agressiva*] Nunca conheci nenhuma mãe pra perguntar.

MARTA: Agora você conhece. Pode perguntar.

ROSA: Foi a pior coisa que te aconteceu?

MARTA: Não.

ROSA: Claro, tem sempre alguma coisa pior.

MARTA: Eu gostava.

ROSA: Você é louca.

MARTA: Sou.

ROSA: Depois não quis mais brincar?

MARTA: Depois eu não sei dizer.

ROSA: Você vai perder sua entrevista.

MARTA: E você vai ficar deitada, esperando eu voltar.

ROSA: Esperar por você, melhor deitada mesmo!

MARTA: Exatamente.

ROSA: Todos os dias. Todas as noites.

MARTA: Eu sempre estrago tudo.

ROSA: Estragou o Vítor.

MARTA: Um cachorro estragado não é tanto prejuízo.

ROSA: Você é que pensa.

MARTA: Eu não estraguei você!

ROSA: Obrigada. Imagina se eu fico igual ao Vítor.

Marta vai sair, e volta.

MARTA: Eu te dei o nome que eu achava o mais lindo de todos, o mais encantador, o mais especial, pra combinar com aquele rostinho que você tinha.

ROSA: Obrigada. Eu gosto do meu nome.

MARTA: Eu gostava do seu rostinho.

Marta sai. Rosa continua deitada. Mudança de luz. Música.

A FORÇA

Marta está sozinha à mesa da sala. Bebe uma lata de cerveja. Ela zapeia os canais de TV, mas não encontra nada que a agrade. Desliga a TV. A campainha toca. João entra afoito, com a mão sangrando.

MARTA: [*assustada*] O que foi isso, você se machucou?

JOÃO: [*nervoso*] Eu me distraí, e quando vi não teve jeito, ele já estava em cima.

MARTA: Quem?

JOÃO: O Thor.

MARTA: [*se espanta*] O grandão?

JOÃO: [*nervoso*] Eu não sei como isso foi acontecer! [*explode*] Ele veio, o Thor, ATORMENTADO! ATORMENTADO!

MARTA: Calma!

JOÃO: Atordoado... torcendo o braço... tornando a torcer e a torcer...

MARTA: Já passou. Você está aqui.

JOÃO: [*olhando espantado para ela*] Torceu.

MARTA: Então você teve sorte. Era pra você estar sem o braço!

JOÃO: Tive.

MARTA: Isso tá bem feio, espera aí.

Marta sai e volta depois de um tempinho com uma caixa de primeiros socorros. Sentam-se à mesa e ela começa a fazer o curativo. João vai se acalmando.

MARTA: Mas por que ele fez isso?

JOÃO: Eu não fiz... Eu estava conversando com a dona dele, aquela menina magrinha que usa aparelho. Eu fui mostrar pra ela como se dá um golpe de MMA.

MARTA: [*estranhando*] Você luta MMA?

JOÃO: Não, mas eu assisto. Na TV. Então eu sei uns golpes. Eu tava contando pra ela como tinha sido a vitória do Jefferson Andrade e fui mostrar como ele jogou o cara no chão, só que o Thor não entendeu. Eu sei, é difícil pra ele entender uma coisa dessas. Mas eu só tava mostrando, eu segurei o braço...

MARTA: Você deve ter levado um baita susto.

JOÃO: O impressionante foi o grito dela. Isso é que me assustou. Eu tava mostrando o golpe, ela gritou e eu me distraí, então acabei deixando ela cair no chão, e aí ele veio de repente...

MARTA: Por que ela gritou?

JOÃO: [*nervoso*] Ele veio de repente...

Marta fica sem entender.

JOÃO: [*frágil*] Eu conheço o Thor.

Marta se compadece. Termina o curativo e dá um abraço nele.

MARTA: [*abraçando-o*] Você foi atacado por um amigo. Isso deixa a gente assustado.

JOÃO: Obrigado. [*tempo*] Eu me sinto bem com você.

MARTA: Eu também. [*tempo*] Acho que você foi a única pessoa que eu deixei entrar aqui nos últimos tempos...

JOÃO: Que bom que você deixou. [*sorri para ela*]

Rosa entra. Está nervosa. Os dois sofrem um tipo de interrupção, apesar de estarem só conversando. Marta se incomoda.

MARTA: O que foi?

ROSA: O que foi o quê?

MARTA: Você parada aí, olhando.

ROSA: Não posso olhar?

Tempo.

JOÃO: Olha a minha mão!

ROSA: Se cortou?

JOÃO: Foi um cachorro amigo meu.

ROSA: Que perigo! Feriu muito?

JOÃO: Só um pouco.

ROSA: [*com os olhos cheios d'água*] Que bom.

JOÃO: O quê?

ROSA: Eu tô grávida.

Marta ignora. Tempo.

JOÃO: E você tá triste por causa disso?

ROSA: Muito. Eu tô sozinha.

Tempo. Marta ignora.

JOÃO: Mas e o... seu namorado, ou o...

ROSA: Quem?

JOÃO: O pai da...

ROSA: [*irônica*] O corresponsável por isto aqui?

JOÃO: Ele deve estar feliz.

ROSA: No lugar dele você estaria?

JOÃO: Muito.

Marta se levanta e começa a guardar as coisas na caixa de primeiros socorros.

ROSA: [*agressiva*] Então seria ótimo se eu soubesse quem ele é.

Marta sai da sala para guardar a caixa.

JOÃO: Você nem desconfia?

ROSA: Não.

JOÃO: Nem lá no fundinho?

ROSA: [*ri*] Que fundinho?!

JOÃO: Você sabe.

Tempo.

ROSA: [*triste*] Sei.

JOÃO: Ele nunca mente.

ROSA: Mas eu, sim.

JOÃO: Muito?

ROSA: O tempo todo.

JOÃO: Inclusive agora? [*tempo*] Então... você mente e você não sabe quem é o pai do seu filho. Você mente e você não está grávida.

ROSA: [*enfática*] Eu estou grávida!

JOÃO: Inclusive agora?

ROSA: Agora mais do que antes. E amanhã ainda mais um pouco e cada vez mais e mais, até explodir!!! É isso o que vai acontecer, eu vou explodir. E uma gosma cinza vai sair de dentro de mim junto com um bonequinho ensanguentado que só sabe gritar.

JOÃO: Selvagem.

ROSA: Assustador.

JOÃO: Eu entendo um pouco disso. Eu posso ser o passeador dele.

ROSA: Tá certo, muito obrigada, se eu precisar eu te chamo.

JOÃO: Eu posso levar seu bonequinho ao parque todos os dias, se você quiser.

ROSA: Mas ele não vai ficar paradinho, quietinho, arrumadinho. Você vai ter que se virar! Vai ter que pegar no colo, distrair, senão ele começa a gritar de novo...

JOÃO: Isso é uma tarefa pro Ivan e companhia. Eles vão deixar o seu filho hipnotizado. [*arregala os olhos*] Os olhos parados, sem piscar.

ROSA: Como assim? Você vai levar um bebê pra passear com um monte de cachorros? Eles vão comer o meu filho na hora do lanche.

JOÃO: Pode ser. Se ele for muito fofinho... [*tempo*] Com aquelas dobrinhas nas coxas e nos bracinhos... Aquela carequinha redonda... Eles vão salivar. Carne nova no pedaço, sabe como é. [*tempo*] Mas eu posso descolar uma cadela pra amamentar ele. Com cadela amamentando ninguém se mete, é risco de morte. A não ser que os outros filhotinhos não deixem. Será que eles topariam dividir a tetinha? Más tem chance de a cadela comer, né? Não tem aquela história da mãe comer o filho que nasce diferente? Botar aquele corpo estranho ali no meio pode ser arriscado.

ROSA: [*aflita*] Que horror! [*meio baixo*] Eu jamais deixaria você passear com o meu filho!

JOÃO: [*distraído*] Não escutei.

ROSA: [*mais alto*] Você é maluco, eu não vou deixar você sair com o meu filho!

JOÃO: Tá vendo só? [*olha para o braço dela*] Tá aparecendo a pontinha da sua mãe aqui. [*aponta para o cotovelo dela*]

ROSA: Da minha mãe?

JOÃO: De você. [*tempinho*] Eu vou sair com o Vítor.

Ele sai. Ela fica sozinha, sentada à mesa. Mudança de luz. Música.

O PENDURADO

Rosa está falando ao celular. Escuta um pouco antes de responder.

ROSA: Tô. [*escuta*] Tô. [*escuta*] Tudo bem... [*escuta*] É legal... [*escuta*] Mais ou menos. Não. Não sei quanto tempo eu vou ficar. [*escuta*] Talvez. [*escuta*] Aqui é calmo. Tem um cachorro infernal, mas é calmo. [*escuta*] É bem diferente daí. Eu tô começando a me acostumar com isso. Eu... Eu... sinto saudade de você. [*escuta*] Por quê?! Ué, como assim?! Você sabe por quê. Quer dizer, se nem eu sei por que... [*escuta*] Eu tentei, mas eu tenho andado um pouco cansada, só isso. Com muito sono. Tá estranha a minha voz? [*escuta*] Não... Eu fiquei pensando em como te falar, mas não adianta pensar, porque por mais que a gente pense, nunca vai ser do jeito que a gente pensou... então... eu... é que antes de vir pra cá eu fui numa... é que eu soube... se bem que agora nem faz diferença como eu soube, mas é que... [*desiste*] nada. Deixa pra lá. [*escuta*] Nada! É bobagem minha. Sério. [*escuta*] Não é nada. Mesmo. [*escuta*] Tá. [*escuta*] Não sei. Não sei se eu volto. [*escuta*] Ah, é? Que bom! Quando? Você deve estar feliz então, né? Parabéns. Não era isso que você queria? Então. Que legal, aconteceu... [*fica sem assunto*] Bom, então tá. Depois me avisa quando você vai. [*escuta*] Você também. Tchau.

Rosa desliga. Está triste. Coloca o celular em cima da mesa. Deita-se no chão da sala. Põe a mão na barriga. Coloca os fones de ouvido. Canta baixinho. Marta chega da rua. Está arrumada. Entra, tira os sapatos de salto, se joga no sofá com uma expressão angustiada. Ficam as duas um tempo assim. Rosa abre os olhos e vê a mãe.

ROSA: [*ainda deitada*] Já?

MARTA: Foi rápido. E indolor.

ROSA: Como foi?

MARTA: Talvez eu tenha que voltar lá, não sei.

ROSA: Mas como foi?

MARTA: Nada de mais, preenchi uma ficha, respondi a umas perguntas... Há tanto tempo eu não fazia isso... Nem me lembro da última vez.

As duas conversam sem olharem uma para a outra. Rosa está deitada com a mão na barriga e Marta está sentada no sofá, olhando para a frente.

ROSA: E como você se sentiu?

MARTA: Voltando no tempo.

ROSA: Ou seguindo em frente?

MARTA: Pode ser.

ROSA: Muito bem.

MARTA: Muito bem o quê?

ROSA: Você foi até lá. Parabéns.

MARTA: [*angustiada*] Mas... é difícil retomar de onde eu parei... eu não sei se ainda consigo escrever. Eu não sei se vai acontecer de novo...

Rosa se levanta. Senta ao lado de Marta no sofá. Olha pra ela.

ROSA: Não fica assim... Vai ser bom... Você é muito boa nisso. Pelo menos é o que eu sempre ouvi dizer.

MARTA: E se eu tiver que ir pra outro lugar?

ROSA: Que lugar?

MARTA: Outra cidade. Talvez o emprego seja em outra cidade.

ROSA: E daí?

MARTA: E daí que eu não quero sair desta casa. Eu não quero ter que ir pra outro lugar.

ROSA: Pode ser bom pegar a estrada...

MARTA: Bom é ficar quieta.

ROSA: Logo você?

MARTA: Eu quem?! Você não me conhece.

ROSA: Não.

Tempo. Marta chora. Rosa ensaia um abraço meio torto.

MARTA: Você tá com fome?

ROSA: Não.

MARTA: Também não tem nada pra comer, eu acho.

MARTA: Tá com saudade?

ROSA: Não.

MARTA: Obrigada.

ROSA: Pelo abraço?

MARTA: Por ter insistido.

ROSA: Era o que eu tinha pra fazer.

MARTA: Eu não sei muito bem lidar com isso...

Tempo.

MARTA: Você já pensou no que vai fazer... sobre...

ROSA: Eu só consigo pensar em uma coisa. Eu não quero ser mãe.

As duas permanecem sentadas, lado a lado. Mudança de luz. Música.

A MORTE

Rosa está dormindo, completamente apagada, no sofá. Há uma luz de fim de tarde, uma atmosfera diferente. João entra e põe-se a olhar Rosa dormir.

JOÃO: Acorda, menina do cabelo na venta, da cabeça torta, acorda que a vida é curta, se já não é morta!

Rosa continua dormindo. Aos poucos, vai se levantando até ficar sentada, de olhos fechados.

JOÃO: Segue seu rumo, na pista certa, se escolhe errado, não é tão esperta.

João se senta ao lado de Rosa no sofá. Ele começa a cheirá-la, como um cachorro. Aos poucos, Rosa se deita e ele se deita colado a ela. Ele vai rolando, até ficar por cima dela, ela começa a rir.

JOÃO: [*gritando*] Acorda, menina!!!!

Rosa grita junto, de susto. João também se assusta e cai atrás do sofá. Rosa acorda. João se levanta atrás do sofá.

JOÃO: O que foi?
ROSA: VOCÊ me responde!
JOÃO: Você gritou.

ROSA: Você me acordou.

JOÃO: Isso é hora de dormir?

ROSA: [*sonolenta*] Um sono gigante. Um pesadelo. Eu fiz tudo errado. Eu quero sair.

JOÃO: E se você voltar?

ROSA: Agora não tem volta.

JOÃO: Sempre dá pra voltar. E consertar.

ROSA: Como?

JOÃO: Fecha os olhos.

ROSA: [*fechando os olhos*] Eu tô pelada.

JOÃO: Dorme.

ROSA: [*sentindo uma fisgada na barriga*] Aiiii.

JOÃO: Melhor você voltar.

ROSA: Melhor eu acabar.

JOÃO: Cadê a sua mãe?

ROSA: Deitada, lá fora. Com o Vítor.

JOÃO: Descansa.

ROSA: Como?

JOÃO: Fecha os olhos.

ROSA: [*sonhando*] Eu tô pelada.

JOÃO: [*colando seu corpo no dela*] Eu também.

ROSA: [*de olhos fechados*] Eu pisei no meu bebê?

João ri.

ROSA: Acabou?
JOÃO: Ainda não.
ROSA: [*dormindo*] Você nem é tão alto.

Permanecem deitados. Música.

A TEMPERANÇA

Marta lê um livro, sentada à mesa. Rosa começa a gritar de dentro do quarto.

ROSA: Sai!!! Sai daqui, cachorro!!! Bicho dos infernos, já falei pra sair!!! Foraaaa!!!

O cachorro começa a latir. Marta grita da sala.

MARTA: Já falei que assim não adianta! Tem que falar baixo.

ROSA: [*falando baixo*] Sai. Sai. Por favor... [*grita*] Eu vou te dar um bico!!!!

Marta se levanta, falando, e vai até o quarto. As duas ficam fora de cena.

MARTA: Você não tem o menor jeito pra lidar com ele. Ele é meio mimado, fazer o quê, ele tá acostumado assim, sai, Vítor. Vítor. Sai. [*o cachorro late*] Ele quer que jogue a bolinha.

ROSA: Pelo amor de Deus, eu não acredito que você é completamente dominada por este cachorro! O que é isso, eu não vou jogar bolinha nenhuma, que saco! [*vem para a sala*] Eu, hein, casa de maluco, tem que ficar adivinhando o que o cachorro quer, se você quer ter um pouco de paz, tem que jogar a bolinha pro cachorro? E se eu não jogar a bolinha? O que é que vai acontecer?

Marta vem pra sala.

MARTA: Pronto, viu, saiu. Não custa nada dar um pouco de atenção pra ele, que é que custa pra você?

ROSA: Muito! Muitíssimo!

Marta começa a rir.

ROSA: O que é que foi?

MARTA: Você ficar desse jeito por causa do cachorro!

ROSA: Por que você não dá um pouco de educação pra ele? É, até ele precisa, sabia, tem de educar!

MARTA: Agora não adianta mais.

ROSA: Claro que adianta, mas você nem experimenta.

Marta pega o telefone e disca um número.

MARTA: [*falando ao telefone*] Alô? É da escola de cachorro? [*ri*] É, sou eu. É que eu tenho uma hóspede que vive brigando com o meu cachorro, não suporta o meu cachorro, grita com ele, chuta que eu sei, então...quem sabe você ensina o meu cachorro a agradar a minha hóspede? Faz ele virar um puxa-saco de filha nervosinha? Quem sabe assim eu consigo terminar de ler meu livro!!! [*ouve um pouco*] Isso. Exatamente. Tá bom. Tchau.

Desliga. Vai até a mesa e volta a ler o livro. Rosa fica sem entender. Vai até o quarto, mas para à porta. Volta com ar de desânimo. Senta no sofá. Liga a TV. Marta desiste de vez do livro. Olha para a filha. Vai até a cozinha e volta com ingredientes para um sanduíche. Começa a preparar. A campainha toca. João entra.

JOÃO: É daqui que pediram um professor de cachorro pra viagem?

ROSA: Sim!!! Por favor!!! Será que você consegue fazer com que ele seja um pouco mais possível?

JOÃO: [*divertido*] Trabalhamos com isso!

MARTA: Ele tá cansado de conhecer o Vítor, sabe que o Vítor não dá trabalho nenhum...

ROSA: Claro! Até vir alguém pra dividir o quarto com ele.

MARTA: Você veio porque quis.

JOÃO: Eu vou te dizer como é: o Vítor é um galã, você tem que chegar com jeito, fazer uns elogios, depois você consegue tudo dele.

MARTA: Quer um sanduíche?

JOÃO: Opa! Vou aceitar.

MARTA: Você também?

Rosa não responde, está magoada. Vai para o quarto.

MARTA: Desde quando você passeia com cachorros?

JOÃO: Já faz tempo. Descobri que dava pra viver disso e não quis mais nada.

MARTA: Você gosta tanto assim? [*ele assente com a cabeça*] Mas não enjoa? Todos os dias passar de

85

casa em casa pegando a Sônia, depois o Ivan... o Ailton, com aquele abajur em volta do pescoço... aquela cachorra assassina com a focinheira de plástico, levar todos juntos, embolando as coleiras, parando cada hora um pra fazer cocô, latindo ao mesmo tempo quando passa outro cachorro do outro lado da rua?

JOÃO: [*sério*] Você tem outra ideia melhor? [*tempo*] Pra um cara como eu. Que não consegue ficar parado. Infância pobre, pouco estudo, muita cara de pau. Eu recebi várias propostas, algumas muito boas, mas prefiro os meus cachorros. Eles dão trabalho, babam um pouco, mas quando a gente chega no parque... Você não imagina o que acontece! Eles se transformam em crianças fofinhas e a gente brinca a tarde inteira de pique-esconde. [*tempo. Marta ri*] Este é o nosso segredo. Mas eu divido com você, que é uma pessoa inteligente, capaz de entender uma coisa como essa.

MARTA: Você nunca fala a sério?

JOÃO: Falo. Mas só com os cachorros.

Marta ri.

MARTA: E com os humanos? Você não leva ninguém a sério?

JOÃO: Levo na flauta, que é um bom lugar. [*termina o sanduíche*] O melhor sanduíche da minha vida.

João beija a mão de Marta, galanteador. Vai para os fundos treinar o cachorro. Rosa volta. Marta mostra o sanduíche que fez pra ela. Rosa olha com desdém e senta no sofá. Marta sai. Rosa olha em volta, entediada. Pega o celular. Liga pra alguém. Quando vai falar, desiste e desliga. Senta à mesa. Começa a comer o sanduíche que sua mãe preparou. Está nervosa. Tenta se acalmar, não consegue. Dá um soco na barriga. João vem de fora. Abaixa, procura a bolinha, embaixo do sofá. Olha pra ela, quicando a bolinha algumas vezes. Tempo.

JOÃO: Você tá bem?

ROSA: [*com cara de poucos amigos*] Ótima!

JOÃO: Isso é maravilhoso.

ROSA: [*começando a se irritar*] O que é maravilhoso?

JOÃO: Nada. Mas sabe qual é a boa notícia?

ROSA: [*irônica*] Não!

JOÃO: Se nada é maravilhoso, imagina TUDO!

ROSA: [*irônica*] Você vem sempre aqui?

JOÃO: Todo santo dia.

ROSA: Tem sempre uma piadinha escondida no bolso?

JOÃO: Desculpe. Só queria fazer você sorrir. Mas hoje não é dia. Santo, pelo menos.

Rosa pega uma lata de cerveja. Vai abrir, se dá conta, volta e pega uma pra ele também.

ROSA: Quer?

JOÃO: [*sério*] Não posso, tenho de dirigir o cachorro.

Rosa ri.

JOÃO: Ahá!

ROSA: Eu me distraí.

JOÃO: Você tava concentrada pra não rir?

ROSA: Tava.

JOÃO: Eu também. Agora eu vou aceitar.

Ele pega a cerveja. Bebem.

ROSA: Tem dia que é difícil.

JOÃO: É, eu sei. Mas não devia ser difícil pra você.

ROSA: Por que não? Eu sou melhor do que os outros, por acaso? É difícil pra todo mundo.

JOÃO: [*sincero*] Mas pensa em mim, por exemplo: um sujeito feio, estatura mediana, que só faz piada sem graça, passeia por aí com uns cachorros fedorentos, almoça um PF gorduroso no boteco da esquina, fila a cerveja das pessoas solidárias, chega em casa esbodegado, esquenta uma gororoba sem gosto, toma um banho que a água esfria de repente, dorme numa cama que faz nheque-nheque toda vez que ele vira e acorda no dia seguinte pra fazer tudo de novo.

ROSA: E eu: uma pós-adolescente que nem adulta sabe ser ainda, que tem um pai completamente autista, que não tem a mínima ideia do que quer fazer da vida, que não tem um tostão furado no bolso, que vem pra casa da mãe ensimesmada que nem conhece ela direito e muito menos quer conhecer, e ainda por cima tem um bebê insistente crescendo na barriga?.

Ele fica olhando pra ela.

JOÃO: [*sério*] Você tá jogando muito baixo. Eu vou apelar também. [*tempo*] Eu tenho uma espécie de membrana entre os dedos do pé.

Rosa olha para ele por uns instantes. Os dois começam a rir alto. Marta chega arrumada para sair. Eles são pegos de surpresa.

MARTA: [*para a filha*] Não sei quanto tempo vai demorar.

ROSA: Boa sorte.

JOÃO: Tá levando você mesma nessa bolsa? Vai precisar. [*sorri para Marta*]

MARTA: Essa eu não vejo há anos. Quem sabe ela aparece? [*sorri, um pouco triste*]

ROSA: Você tá linda.

Marta abre um sorriso largo. Mudança de luz. Música.

O DIABO

Marta está pegando a bolsa para sair, quando a campainha toca. Ela fica nervosa. Abre. A Dona do Cachorro entra, trazendo um pote nas mãos.

A DONA DO CACHORRO: Você me desculpe vir sem avisar, mas eu não tinha o telefone...

MARTA: [*desconcertada*] Ah, imagine, não tem problema... A senhora está precisando de alguma coisa?

A DONA DO CACHORRO: Eu, não... e você? Eu trouxe uma compota.

Tempo.

MARTA: Ah, sim, é de quê?

A DONA DO CACHORRO: De goiaba.

MARTA: Trouxe pra mim? Que gentil.

A DONA DO CACHORRO: Somos vizinhas.

MARTA: Somos?

A DONA DO CACHORRO: De rua.

MARTA: Ah...

A DONA DO CACHORRO: Eu vi a menina cruzando pra lá, então resolvi arriscar. A senhora não sai muito, né?

MARTA: É, não.

A DONA DO CACHORRO: Eu sei porque eu moro bem no cruzamento, então eu vejo o movimento.

MARTA: Pois é, eu estava justamente...

A DONA DO CACHORRO: [*interrompendo*] Vejo todo mundo passando, menos a senhora, então eu pensei: ela não deve gostar. Ou então trabalha em casa, como eu. Eu costuro, sabe? Até ia oferecer, faço vestido de festa, faço paletó, faço tudo.

MARTA: Então, eu estava...

A DONA DO CACHORRO: Mas o movimento caiu muito com a crise... caiu demais.

MARTA: Sei...

A DONA DO CACHORRO: Faço roupa de cachorro também, capinha de chuva... o seu saiu mais cedo, não foi? Com o passeador?

MARTA: Foi.

A DONA DO CACHORRO: Rapaz estranho.

MARTA: A senhora acha?

A DONA DO CACHORRO: Meu cachorro adora ele.

MARTA: Ele tem muito jeito.

A DONA DO CACHORRO: Meu cachorro sabe antes de ele chegar, já pega a coleira. Eu, se eu pudesse, eu mesma levava, mas eu tô com um problema...

MARTA: [*interrompendo*] A senhora me desculpe, mas eu preciso...

A DONA DO CACHORRO: Eu sabia que você estava precisando!

MARTA: Eu?

A DONA DO CACHORRO: Você quase não sai, eu também, então pensei que talvez quisesse me contar alguma coisa, eu sou boa de conversa, eu escuto, você não tem nada pra me contar?

MARTA: Não.

A DONA DO CACHORRO: Nem sobre ele? O rapaz.

MARTA: Eu só queria...

A DONA DO CACHORRO: Ele.

MARTA: Agora, realmente, eu vou pedir pra senhora me dar licença.

A DONA DO CACHORRO: Tem toda. Pra fazer o que quiser. E a menina também, mas eu acho que vocês deveriam ter cuidado.

MARTA: E por que eu deveria ter cuidado?

A DONA DO CACHORRO: A gente acaba confiando porque precisa. Eu mesma já fiz.

MARTA: O quê?

A DONA DO CACHORRO: Deixei. Deixei o Ivan com ele.

MARTA: E?

A DONA DO CACHORRO: Você já reparou nos dentes dele? Você sabe aonde ele leva o seu cachorro?

MARTA: Ao parque.

A DONA DO CACHORRO: Uma vez eu levei o Ivan, quando eu ainda podia, porque agora eu estou com esse problema na perna, mas quando eu podia, às vezes eu levava, e eu via o seu cachorro com ele. Eles se dão muito, muito bem.

MARTA: Sim.

A DONA DO CACHORRO: Eles já devem estar voltando, não? Já pensou se ele volta sem o seu cachorro? Ou nem volta? Eu vou te dizer, se me acontece uma coisa dessas, eu nem sei.

MARTA: A senhora está querendo dizer o quê, exatamente, a senhora veio até aqui procurando o quê?

A DONA DO CACHORRO: Eu vim te trazer esta compota.

MARTA: Obrigada.

A DONA DO CACHORRO: E vim te abrir os olhos.

MARTA: Estão abertos.

A DONA DO CACHORRO: E os ouvidos.

Marta caminha em direção à porta.

A DONA DO CACHORRO: Sua filha vai ao parque com ele.

MARTA: Minha filha é bem grandinha.

A DONA DO CACHORRO: Não parece.

MARTA: Boa tarde.

A Dona do Cachorro sai. Marta se senta, exausta. Pega a bolsa, mas desiste de sair. Mudança de luz. Música.

A TORRE

Mãe e filha na sala, a filha deitada no sofá comendo sorvete em um pote. Marta está furiosa.

MARTA: Por que de repente, um belo dia, você simplesmente decide, à minha revelia, que vai chegar, se instalar de uma hora pra outra, me encher de perguntas, me cobrar um monte de coisa, dar palpite na minha vida, querer saber de 15 anos em 15 minutos, me obrigar a te ouvir, me obrigar a me preocupar com você, com o que você sente, com o que você quer, com quem você se tornou depois desse tempo todo! Será que vai dar certo, será que a vida vai ser generosa com você, quem vai se aproximar de você, quem vai te usar, quem vai te magoar, você acha o quê, não foi à toa que eu não quis, não foi do nada que eu realmente decidi não querer, eu sei bem como acontece, é devagar, você vai se chegando, se infiltrando e quando eu me dou conta já me atropelou, não tem mais eu, já não tem mais nada, só você, só o seu egoísmo sem limite...

Começa a catar peças de roupa deixadas pela sala e alguns objetos — óculos, livro, celular, carteira, chave etc. —, vai lá dentro sem parar de falar, volta com uma sacola grande já meio cheia e coloca as coisas dentro, continua falando.

MARTA: Uma capacidade inacreditável de se espalhar, de se impor a qualquer custo, como se o outro não existisse, não tivesse o direito de escolha. Pois bem: eu escolho que NÃO, tá me escutando?

Rosa continua tomando seu sorvete, impassível.

MARTA: ... eu ainda tenho o poder de decisão sobre a minha vida e eu escolho que as coisas voltem a ser exatamente como eram antes, sem nenhuma mudança, eu não quero nada disso, eu não pedi nada disso, então eu não tenho que engolir à força, simplesmente porque um dia você olhou pra sua vida e viu que já tinha cansado de brincar daquilo e resolveu vir brincar aqui, aqui, não, tá ouvindo, isso não é brincadeira, não, isso é muito sério, é a minha vida, e ela não está aberta a visitação, eu não tenho nada de interessante aqui pra te oferecer, você já deve ter percebido, então não tem nem por que continuar com isso, por favor, eu te peço, você dá um jeito de se virar, tá bom, não é possível que a essa altura você ainda precise de mim pra alguma coisa, claro que não, né?, você é perfeitamente capaz de fazer o que quiser, então não é nenhuma crueldade da minha parte se eu te pedir pra sair, não é? [*coloca a sacola do lado de fora e volta*] Eu agora vou virar a pior pessoa do mundo se eu te pedir pra ir embora? Não, né, você já veio, já viu, já se meteu, agora dá licença que eu tenho uma vida pra continuar exatamente do mesmo ponto onde eu parei quando fui interrompida por você.

Tempo.

MARTA: Sabe o que acontece, quando você nasceu, as pessoas me diziam: quando ela tiver uns seis meses, você vai ver só que gracinha, eu olhava pra você e, sinceramente, no fundo do meu coração, eu achava que você não chegaria a ter seis meses, você não ia vingar, você era tão pequena e tão magrinha, com aqueles olhos imensos! Eu chegava no seu quarto de madrugada e você estava lá, acordada, parada, com aqueles olhos abertos, olhando pra mim. Aquela mão minúscula me apertando com uma força, como é que pode ter tanta força? Eu nunca entendia o que você queria. Nunca. Nem agora eu entendo. Muito menos agora que as possibilidades são infinitas. Por que as pessoas não vêm com bula, meu Deus do céu? Com legenda, manual de uso, etiqueta de lavagem? [*tempo*] Eu passeava com você na rua e as pessoas me diziam pra levar você pra casa que você tava assustada. Mas você só tinha aquela cara, de susto. Igual à minha.

Rosa se levanta, vai lá fora, pega suas coisas e volta para a sala. Fica parada olhando para Marta.

MARTA: ... você tá surda, tá cega, ou decidiu me enfrentar? Pois eu já passei por muita coisa, eu sei muito bem aonde você quer chegar. Você quer me vencer. Quer me provar que é mais forte que eu. Pois muito bem. Vamos ver até onde você vai.

Rosa senta no sofá com a sacola a seus pés. Ela não olha para a mãe. Marta liga uma música muito alta. Sai por alguns instantes e volta com um balde e uma vassoura. Joga a ÁGUA DO BALDE NO CHÃO, EM DIREÇÃO A ROSA, QUE LEVANTA OS PÉS PARA NÃO SE MOLHAR. MARTA *começa a esfregar o chão com a vassoura. Rosa pega o pote de sorvete e continua a comer. Marta começa a enxu-*

gar o chão com um pano. Enxuga toda a sala, com vigor. Vai se cansando. Fica sentada no chão olhando pra filha. Está desnorteada, exausta, sem saber como agir. Rosa coloca os fones de ouvido. Olha para Marta sem expressão. Marta se levanta, pega o balde, o pano e a vassoura.

MARTA: [*amarga*] ...eu me nego a fazer esse seu jogo. Você é a pior pessoa que eu já conheci.

Marta entra e Rosa continua sentada no sofá. Marta volta para a sala, pega um livro enfiado entre as almofadas do sofá, a filha afasta o corpo um pouco pra dar licença. Marta vai para o quarto. Mudança de luz. Música.

A ESTRELA

Rosa entra em casa com uma sacola de compras. Encontra Marta caída no chão.

ROSA: Marta!!!!

Marta não responde. Se abaixa e segura o pulso da mãe.

ROSA: Marta!

Marta se mexe, reclamando.

MARTA: Apaga a luz!

ROSA: [*aliviada*] Que luz, tá de dia, você bebeu?

MARTA: Um copinho bem pequeno, tão pequeno que nem cabia...

ROSA: [*tentando levantá-la*] Me ajuda, vai. Firma o pé.

MARTA: [*tentando firmar o pé*] Qual? Meu pé não fica.

Marta tenta levantar o corpo, mas não consegue segurar o peso. Começa a rir.

ROSA: [*séria*] Não começa a rir, não vou conseguir levantar você! [*tentando*] Para de rir!

Marta ri mais e abandona seu corpo no chão.

ROSA: Eu desisto. O que é que você bebeu? Chumbo?

MARTA: Eu peso 180 quilowatts.

ROSA: Tava tentando se apagar, então.

MARTA: Apaga a luz!

ROSA: Tá de dia!

Marta rola pro lado e consegue se sentar. Seu aspecto é horrível.

ROSA: Isso. Fica sentada.

MARTA: Espera sentada...

ROSA: O que é que você tá sentindo?

MARTA: Rodando.

ROSA: Onde tá a garrafa?

MARTA: Qual garrafa?

ROSA: A que você bebeu!

MARTA: Mas foi no copinho...

ROSA: Cadê o copinho?

Marta começa a rir.

ROSA: Meu Deus!!!

MARTA: Eu tinha uma casinha lá na Marambaia, ficava na beira da praia...

ROSA: [*rindo*] Você tá muito louca!

Marta ri e Rosa ri junto.

MARTA: Eu decidi que eu vou ficar velha... hoje!!!
ROSA: Hoje? É seu aniversário?
MARTA: Eu já fiz muitas vezes.
ROSA: Eu também. E todas sem você. [*oferecendo água*] Bebe. [*Marta bebe*]
MARTA: Foi ontem.

João entra trazendo um bolinho. Ele vê Marta sentada no chão. Acha graça. Marta olha para ele.

MARTA: Cadê o copinho? Mostra pra ela.
JOÃO: [*deixando o bolo em cima da mesa*] Você conseguiu derrubar uma garrafa inteira num copinho. Não é pra qualquer um.
MARTA: Mas você bebeu comigo, você quer me enganar, você me dava o copinho...
ROSA: Você deu o que pra ela?
JOÃO: Cachaça!
ROSA: Uma garrafa de cachaça?! Não pode ser!

Rosa desiste. Vai guardar as compras na geladeira.

JOÃO: Alguns copinhos de cachaça... Hoje é aniversário dela!

ROSA: [*para Marta*] É?!

MARTA: Não!!!!

JOÃO: É, sim. E eu trouxe um bolo.

João pega uma caixa de fósforos no bolso e acende uma vela.

ROSA: Faz um pedido.

Marta pega ar, mas antes de soprar João apaga o fogo com a mão.

ROSA: Deixa ela soprar!

JOÃO: Quer bolo?

MARTA: Quero parar de envelhecer.

JOÃO: Resposta errada! Quer bolo?

MARTA: Quero ficar sozinha.

JOÃO: [*simula uma campainha*] Péééé!

MARTA: Não!

JOÃO: [*aplaudindo*] Agora você!

MARTA: [*para Rosa*] Quer ter esse filho?

ROSA: Por que você deu cachaça pra ela?

MARTA: E por que você mete o nariz onde não é chamada? [*levanta-se rápido e dá uma desequilibrada*]

Por que você faz um monte de perguntas? Por que você olha pra minha cara querendo uma explicação? Eu não vou te dar nenhuma explicação, não sou sua professora! Não sei explicar o mundo pra você. Ou melhor, sei, vamos lá! O que você quer saber? Pode mandar!

JOÃO: [*acendendo um cigarro*] Qual o cachorro que adivinha o futuro?

Marta pensa.

MARTA: O cãoguru.

JOÃO: [*rindo*] Você sabia!

MARTA: Juro!

Rosa senta no sofá. Olha o celular.

JOÃO: Duas pulgas foram passear. O que uma disse pra outra?

MARTA: Vamos pulando?

JOÃO: Vamos a pé ou pegamos um cachorro?

Marta ri.

JOÃO: Os dois pais não têm braços, qual o nome do filme? [*tempo*] Ninguém segura esse bebê!

Marta e João riem muito. Rosa se levanta e começa a arrumar a casa. Marta adormece no sofá. João pega a coleira e sai com Vítor. Rosa traz travesseiro e cobertor. Acomoda Marta com carinho. Senta-se à mesa, acende a vela. Sopra. Parte uma fatia de bolo.

ROSA: E a primeira fatia vai pra minha mãe! [*come*]

Mudança de luz. Música.

A LUA

Mãe e filha estão sentadas, comendo. Rosa está inquieta e sem apetite. Marta come olhando para o prato.

ROSA: Sabe do que eu mais sinto falta? De saber que as férias tavam chegando. Era uma mistura de alegria, alívio, frio na barriga... Era uma sensação de liberdade total, logo ali, na esquina, tava quase lá, era só esperar mais um pouquinho que já ia chegar... [*tempo*] Eu fiz uma viagem com a minha amiga de sala que foi a melhor viagem que eu fiz na vida! [*tempo*] A gente escolheu uma cidade no mapa, aleatória, e decidiu que era pra lá que a gente ia! A gente foi de ônibus, demorou à beça pra chegar, depois tinha que esperar o caminhão de leite sair pra fazer as entregas. Um frio! De madrugadinha, a gente pulou na caçamba e foi subindo a serra, sacudindo até chegar na cidade, o sol nascendo, a gente batendo queixo, o vento gelado na cara... Quando chegou lá em cima, era lindo demais, era tipo um sonho, parecia falso, sabe, parecia de mentira... Eu olhava pra cara da minha amiga e a gente não acreditava, a gente ria muito uma da outra com o queixo batendo... a gente ria muito...

Marta ouve, sem entusiasmo, enquanto come. Rosa hesita um pouco e depois fala.

ROSA: De noite a gente montou a barraca. Essa minha amiga era profissional, ela sabia tudo de barraca, de camping, a gente tava tão cansada, tava fazendo tanto frio, a gente se enfiou no saco de dormir e ficou bem pertinho pra se esquentar... aí, quando eu me dei conta, não sei se fui eu, se foi ela, mas quando eu vi a gente tava se abraçando, e era tão bom, eu não queria parar, eu tava meio dormindo, mas eu tava gostando... [*fica meio sem saber como explicar*] Só que a gente parou e virou pro lado. No dia seguinte a gente nem falou sobre isso, nunca a gente falou sobre isso.

Para, olha para Marta. Marta está comendo, com os olhos baixos. Rosa fica um pouco em silêncio. Depois muda de assunto e de tom.

ROSA: ... teve um show também, de uma banda de punk-rock que a gente assistiu num bar tipo garagem, sabe, e no meio do show a gente resolveu descer uma escada e deu num lugar que era um depósito de bebidas. Tinha um monte de engradado com garrafa vazia, e não sei por quê, não lembro se fui eu ou ela quem começou, mas alguém experimentou tacar uma garrafa vazia numa paredona que tinha na frente. Uau, era demais, a gente se afastou um pouco da parede, então a garrafa demorava mais pra bater, e quando batia, estilhaçava muito mais. Foi maravilhoso, o som rolando lá em cima e a gente arremessando aquelas garrafas... Até que a gente se tocou que tinha um cara sentado, fortão, parecia um segurança, e a gente pensou que tinha sujado, mas daí o cara se levantou e, do nada, pegou um engradado inteiro e jogou na parede!!! De repente, uma galera começou a descer também e jogar as garrafas, e aí a gente saiu de fininho porque é claro que aquilo não ia acabar bem, mas eu nunca vou me esquecer daquele cara imenso levantando o engradado e jogando na parede!!! Muito bom!!!

Rosa se diverte muito com a história. Marta continua ausente. Tempo. Rosa come um pouco, em seguida engata, num outro tom.

ROSA: ... depois esse bar mudou de dono, virou tipo um bistrô chique e eu acabei trabalhando de garçonete lá. Conheci uns caras ricos. Comecei a ir numas festas regadas, de gente cheia da grana, louca. Perdi a virgindade num quarto de uma casona dessas, com um playboy bêbado que eu não lembro nem da cara. Rolava muita droga. Comecei a gostar, né? Tinha uma pedra atrás da minha casa que eu ficava sentada a tarde toda, viajando. Meu pai desconfiou, claro, eu dava a maior bandeira. Daí eu vi que era muito fácil mentir pra ele, aliás, pra qualquer um. Dá até uma ondinha. No começo o coração acelerava um pouquinho. Depois, não. Podia ser a mentira mais absurda, mais difícil de convencer, que eu não sentia mais nada, só um prazerzinho de ver a cara dele acreditando em mim. Tinha uma loja de presentes na rua de trás, né?, e eu namorava umas bugigangas que vendiam lá, umas bobagens, mas eram tão bonitinhas que um dia eu não aguentei e meti na bolsa. De novo a aceleradinha no coração. Mas depois nada, uma, duas, três coisas dentro da sacola, e nada, uma vontade de rir da cara do vendedor... Tarado. Não tenho pena de tarado. Nenhuma. Se ele é tarado, eu sou mais. Um cara foi consertar o fogão lá em casa e eu atendi, né?, precisava ver a cara dele me olhando, e ele não era ruim, não, então na hora que ele foi conferir o papel do orçamento eu taquei um beijo nele, mas meu pai chegou bem na hora, saco. [*tempo*] Esses tarados... Eu entrei nuns perfis de uns caras, e vi pelos posts o nível de doença, sabe, daí eu experimentei falar umas coisas, mandar umas fotos, só pra ver até onde ia, e, nossa, o céu é o limite pra esses caras...

MARTA: [*interrompendo*] Me chamaram pra outra entrevista do emprego.

Rosa se refaz da interrupção. A notícia a deixa feliz. Muda de tom.

ROSA: Sério? Que coisa boa!!!

MARTA: [*querendo se alegrar*] Não sei ainda.

ROSA: Se vão mesmo te contratar?

MARTA: É. E se isso é uma coisa boa.

Mudança de luz. Música.

O SOL

Rosa vem passeando com fones no ouvido. Ouvimos a música que toca no seu celular também nas caixas do teatro. Sua barriga está maior. Ela para, procura um lugar e senta para descansar. Seu telefone toca. A ligação invade as caixas do teatro e ouvimos a voz de Marta.

ROSA: Alô?

MARTA: Alô! Oi! Tudo bem?

ROSA: Tudo. E você?

MARTA: Aqui faz muito frio! Mas eu estava com saudade do mar.

ROSA: Sei.

MARTA: Melhorou do enjoo?

ROSA: Tô melhor. Tá tudo bem com a casa. E com o Vítor, o galã. Eu aprendi a conversar com ele. Tô levando ele ao parque todo dia. Mas não jogo a bolinha. Aí já é demais.

MARTA: E o João?

ROSA: Foi embora. Nem sei.

MARTA: Ah.

ROSA: Tá com saudade de casa?

Barulho de mensagem entrando. Rosa olha o celular. Volta a falar com a mãe.

ROSA: É a sua mala? Vai viajar de novo?

MARTA: Dessa vez é pra longe. Consegui aquela entrevista!

ROSA: Parabéns!

MARTA: Tive que insistir muito. Pra variar! Mas eles se convenceram.

ROSA: Precisa levar tanta coisa?

MARTA: Você sabe como eu sou...

ROSA: Sei?

MARTA: Eu estava pensando... Esse lugar é muito lindo... E como é verão lá, acho que você poderia gostar de... eu pensei... você não quer ir comigo?

ROSA: Eu?

Marta acha graça.

MARTA: Tem mais alguém aí?

ROSA: [*ri*] Olha que tem...

MARTA: Então...

ROSA: Ah... Pode ser...

A música vai subindo e não ouvimos mais a conversa das duas. Mudança de luz.

O JULGAMENTO

A dona de um cachorro está com muita raiva. Ela grita com João.

DONA DO CACHORRO: Absurdo! Absurdo. Não tem desculpa! Não tem desculpa. Não adianta você me olhar com essa cara inexpressiva como se o que estivesse falando não fizesse nenhum sentido pra você. Eu sei o que eu estou dizendo e sei que isso realmente não poderia ter acontecido em hipótese nenhuma, você está me ouvindo? Em hipótese nenhuma! Como é que uma pessoa que se diz minimamente responsável tira o seu cachorro da sua casa, vende pra você a ideia de que ela sabe o que está fazendo, que é uma pessoa confiável, e de repente volta com uma tremenda cara de pau, dizendo que não sabe exatamente o que aconteceu, mas que é pra você ficar calma que isso não é o fim do mundo, que vai ficar tudo bem e que seu cachorro simplesmente sumiu???? Pra um cachorro sumir, você precisa soltar ele da coleira e virar de costas pra não ver onde ele se meteu!!!!!! E durante algum tempo, hein, porque se você virar logo, você ainda consegue ver em que direção ele foi!!!!!!

JOÃO: Eu...

DONA DO CACHORRO: Você sabe o que significa pra uma pessoa como eu escutar uma coisa dessas? Você sabe o que isso significa pra mim? Aposto que não!!! Se pra você é só mais um cachorro, saiba que pra mim ele é tudo!!! Tudo, você entendeu? Eu te dei tudo pra você levar pra passear. E você volta sem nada. Achando que tudo bem.

JOÃO: Eu não achei que tava tudo bem, eu só tinha certeza de que ele ia aparecer.

DONA DO CACHORRO: Como??? Você é vidente, por acaso? Escuta vozes?

JOÃO: Eu conheço o seu cachorro.

DONA DO CACHORRO: Conhece o meu cachorro, não venha me dizer que você conhece o meu cachorro melhor do que eu porque aí não vai dar nem pra continuar a...

JOÃO: [*interrompendo*] A senhora conhece o seu cachorro em casa. Eu conheço o seu cachorro na rua. Sabe que ele só faz xixi em... aquele negócio que tem na rua pra não estacionarem? Fradinho. Ele não faz em poste. É idiossincrático. E ele é apaixonado pela Sônia. Mas ela não dá bola pra ele. Ela faz joguinho. Então, quando a Sônia começa a se engraçar pros lados do Zeca, ele, que não é dado a se vitimizar, vai dar um rolé pra esfriar a cabeça. Ele sabe das coisas. Nada como um rolé. A Sônia percebe que ele saiu, aí fica louca procurando ele. Impressionante como sempre funciona.

DONA DO CACHORRO: [*desdenhando*] Você é maluco.

JOÃO: Maluco é o seu cachorro. Sabe o que ele fez ontem? Tem uma velhinha que fica sentadinha no banco a tarde toda, dando pipoca pros pombos. Ela fica rodeada de uns vinte, trinta pombos. Daí, quando a pipoca acaba, os pombos vão embora e ela continua lá, sentada. O seu cachorro pegou um saco de pipoca na lixeira que ainda tinha bastante pipoca e espalhou em volta da velhinha pros pombos voltarem.

DONA DO CACHORRO: Ele não fez isso pensando que os pombos voltariam.

JOÃO: Claro que fez! E eles voltaram. [*tempo*] Quando uma criança está chorando, fazendo pirraça pra mãe, ele começa a correr em volta dela, em círculos, muito rápido, daí a criança se desconcentra e para de chorar.

DONA DO CACHORRO: [*ri, num espasmo*] Ele não faz isso.

JOÃO: Faz! E se faz de morto. Quando ele sente que está na hora de voltar pra casa, ele se faz de morto. Deita no chão de olhos fechados e não se move. Eu coloco a coleira nele, e ele nada. Daí eu acabo tendo que arrastar ele, mas ele é pesado, então eu sento [*senta*] e começo a conversar com ele sobre as vantagens de voltar pra casa. [*fala como se estivesse falando com um cachorro*] Que na casa dele vai ter uma raçãozinha bem gostosinha esperando por ele. Vai ter uma água fresquinha. Uma cama quentinha. Uma dona bem boazinha.

DONA DO CACHORRO: Você é maluco.

JOÃO: [*continua falando com o cachorro*] Maluca é a sua dona, que acha que você não ia querer voltar pra casa.

DONA DO CACHORRO: Eu sabia que ele ia querer voltar. Mas eu não sabia se ele ia conseguir voltar. [*se emociona*] Se ele sabia o caminho. Se ele ia se perder.

JOÃO: A sua dona maluca não sabe que você entregou três crianças perdidas aos seus pais só na semana passada. [*ela ri, com desdém*] Que você encontrou o dinheiro roubado do assalto da mercearia escondido dentro do tronco da árvore do parque. Que você aprendeu a falar português e me disse que ama a sua dona mais que tudo, que faz qualquer coisa por ela, que nunca vai deixar ela sozinha, que você não é pombo que vai atrás de comida, você não vai embora porque a pipoca acabou, se ela tá pensando que você é desses, ela não te conhece; sabe o que ele me contou sobre você?

DONA DO CACHORRO: [*tempo. Séria*] Eu não quero saber.

JOÃO: Que você deixa ele subir na sua cama de noite pra dormir em cima do seu pé.

A Dona do Cachorro fica olhando pra ele.

JOÃO: Ele nunca vai muito longe. Ele sabe.

DONA DO CACHORRO: A partir de amanhã eu não quero mais que você leve ele.

JOÃO: E o que eu digo pra Sônia? Pra velhinha dos pombos? Será que eu conto pra ele que a senhora é calva na raiz?

DONA DO CACHORRO: Vá pro inferno!!! [*entra*]

O MUNDO

Marta vem caminhando e falando ao telefone.

MARTA: Isso! Exatamente! Eu tenho certeza. Me coloca cara a cara com ela e eu aposto a minha vida como ela fala. [*ouve*] Não sei. Não sei por que ela não quis. Eu sei que ela é difícil. [*ouve*] Ela percebe quando querem torcer a coisa. [*ouve*] Mas comigo vai querer. Eu tô trabalhando nisso há meses, eu sei exatamente por onde começar, você entende? Mas eu preciso de um voto de confiança. [*ouve*] Semana que vem. Foi o que o assessor me disse. Mas, eu preciso chegar antes, colher algumas informações... Eu prometo, você não vai se arrepender. [*ouve*] Jura??!!! [*comemora*] Posso fazer a mala?! Posso comemorar?! Por que não?! É a minha primeira grande entrevista em quantos anos? Nem sei! Muito obrigada. [*ouve*] Eu sei. É uma aposta alta. Mas você vai gostar de ter apostado. [*ouve*] Está bem. Outro!

Desliga. Fica um tempo sem saber o que fazer, meio atordoada. Comemora de novo. Vai retomar seu caminho. Para. Olha pro celular em sua mão. Digita. Alguém atende do outro lado.

MARTA: Rosa? Sou eu. [*tempo*] Quer viajar comigo?

Começa a andar. A música vai subindo e não ouvimos mais o que ela fala. Mudança de luz.

O LOUCO

João vem passeando com um cachorro. Conversa com ele.

JOÃO: É isso, meu caro. Nada como um sereninho pra refrescar as ideias. Você é uma criatura muito esperta. Isso mesmo. Esperto. Sabe onde faz o seu xixi, onde enfia o seu nariz. Não se mete com a mulher errada. Usa o seu carisma pessoal. Você tem carisma! Carisma é uma coisa que não se explica. Mas que todo mundo sabe reconhecer. Quando existe. Ele chega na frente. Pá! Você é um herói. Só não vai me arrumar mais confusão para aquela sua dona careca vir brigar comigo. Eu sou instável. [*tempo*] Não, camarada, você não vai me convencer de que a sua dona é uma pessoa sensata. Ela pode gostar de você, pode te dar do bom e do melhor, mas ela não entende você. Ela não entende. Eu sei o que você quer: a rua. E eu conheço a rua. Pelo contrário. Te entendo totalmente. [*tempo*] Eu soltei você. Deixei você ir. [*tempo*] Eu senti que você queria. Mas você voltou. Escolheu isso. [*tempo*] Poderia não ter voltado? Poderia. Mas aí, meu velho, é uma questão de aposta. Às vezes o segredo é esse mesmo: você não sabe exatamente o que vai acontecer... mas desconfia. E depois que desconfiou, já era. Vai ter que apostar. Chega a dar uma aceleradinha no coração. [*ri, e fica sério*] Sério! Tem coisas que eu não consigo evitar. Quando eu vi, já foi. Mas depois eu volto e conserto. Quando dá... tem gente que nem nota! [*conta um segredo*] Tem gente que não percebe que o vento mudou. Não percebe. [*avisa*] Vai brincando... é bom respeitar...

Vai saindo de cena e sua voz some, à medida que se afasta. Mudança de luz.

Música.

© Editora de Livros Cobogó, 2019

Editora-chefe
Isabel Diegues

Editora
Valeska de Aguirre

Gerente de produção
Melina Bial

Revisão final
Eduardo Carneiro

Projeto gráfico e diagramação
Mari Taboada

Capa
Cubículo

Ilustração da capa
Caramurú Baumgartner

CIP-BRASIL. CATALOGAÇÃO-NA-FONTE
SINDICATO NACIONAL DOS EDITORES DE LIVROS, RJ

	Galli, Malu
G16m	Marta, Rosa e João / Malu Galli.- 1. ed.- Rio de Janeiro: Cobogó, 2019.
	124 p.
	ISBN 978-85-5591-073-9
	1. Teatro brasileiro. I. Título.
19-54896	CDD: 869.2
	CDU: 82-2(81)

Vanessa Mafra Xavier Salgado- Bibliotecária- CRB-7/6644

Nesta edição, foi respeitado o Acordo Ortográfico da Língua Portuguesa de 1990, que entrou em vigor no Brasil em 2009.

Todos os direitos em língua portuguesa reservados à
Editora de Livros Cobogó Ltda.
Rua Jardim Botânico, 635/406
Rio de Janeiro — RJ — 22470-050
www.cobogo.com.br

Outros títulos desta coleção:

COLEÇÃO DRAMATURGIA

ALGUÉM ACABA DE MORRER LÁ FORA, de Jô Bilac

NINGUÉM FALOU QUE SERIA FÁCIL, de Felipe Rocha

TRABALHOS DE AMORES QUASE PERDIDOS, de Pedro Brício

NEM UM DIA SE PASSA SEM NOTÍCIAS SUAS, de Daniela Pereira de Carvalho

OS ESTONIANOS, de Julia Spadaccini

PONTO DE FUGA, de Rodrigo Nogueira

POR ELISE, de Grace Passô

MARCHA PARA ZENTURO, de Grace Passô

AMORES SURDOS, de Grace Passô

CONGRESSO INTERNACIONAL DO MEDO, de Grace Passô

IN ON IT | A PRIMEIRA VISTA, de Daniel MacIvor

INCÊNDIOS, de Wajdi Mouawad

CINE MONSTRO, de Daniel MacIvor

CONSELHO DE CLASSE, de Jô Bilac

CARA DE CAVALO, de Pedro Kosovski

GARRAS CURVAS E UM CANTO SEDUTOR, de Daniele Avila Small

OS MAMUTES, de Jô Bilac

INFÂNCIA, TIROS E PLUMAS, de Jô Bilac

NEM MESMO TODO O OCEANO, adaptação de Inez Viana do romance de Alcione Araújo

NÔMADES, de Marcio Abreu e Patrick Pessoa

CARANGUEJO OVERDRIVE, de Pedro Kosovski

BR-TRANS, de Silvero Pereira

KRUM, de Hanoch Levin

MARÉ/PROJETO bRASIL, de Marcio Abreu

AS PALAVRAS E AS COISAS, de Pedro Brício

MATA TEU PAI, de Grace Passô

ÃRRÃ, de Vinicius Calderoni

JANIS, de Diogo Liberano

NÃO NEM NADA, de Vinicius Calderoni

CHORUME, de Vinicius Calderoni

GUANABARA CANIBAL, de Pedro Kosovski

TOM NA FAZENDA, de Michel Marc Bouchard

OS ARQUEÓLOGOS, de Vinicius Calderoni

ESCUTA!, de Francisco Ohana

ROSE, de Cecilia Ripoll

O ENIGMA DO BOM DIA, de Olga Almeida

A ÚLTIMA PEÇA, de Inez Viana

BURAQUINHOS OU O VENTO É INIMIGO DO PICUMÃ, de Jhonny Salaberg

PASSARINHO, de Ana Kutner

INSETOS, de Jô Bilac

A TROPA, de Gustavo Pinheiro

A GARAGEM, de Felipe Haiut

SILÊNCIO.DOC, de Marcelo Varzea

PRETO, de Grace Passô, Marcio Abreu e Nadja Naira

COLEÇÃO DRAMATURGIA ESPANHOLA

A PAZ PERPÉTUA, de Juan Mayorga
Tradução Aderbal Freire-Filho

APRÈS MOI, LE DÉLUGE (DEPOIS DE MIM, O DILÚVIO),
de Lluïsa Cunillé
Tradução Marcio Meirelles

ATRA BÍLIS, de Laila Ripoll
Tradução Hugo Rodas

CACHORRO MORTO NA LAVANDERIA: OS FORTES, de Angélica Liddell
Tradução Beatriz Sayad

DENTRO DA TERRA, de José Manuel Mora
Tradução Roberto Alvim

MÜNCHAUSEN, de Lucía Vilanova
Tradução Pedro Brício

NN12, de Gracia Morales
Tradução Gilberto Gawronski

O PRINCÍPIO DE ARQUIMEDES, de Josep Maria Miró i Coromina
Tradução Luís Artur Nunes

OS CORPOS PERDIDOS, de José Manuel Mora
Tradução Cibele Forjaz

CLIFF (PRECIPÍCIO), de Alberto Conejero López
Tradução Fernando Yamamoto

2019

———————

1ª impressão

Este livro foi composto em Univers.
Impresso pelo Grupo SmartPrinter
sobre papel Bold LD 70g/m².